Jacques Legros

Derrière l'écran

40 ans au cœur des médias

éditions du
ROCHER

Éditions du Rocher
28 rue Comte-Félix-Gastaldi BP 521 – 98015 Monaco

www.editionsdurocher.fr

ISBN : 978-2-268-10802-5
EAN : 9782268108223

« Le vrai courage est de faire ce qui est juste »
Fred Abadie-Gasquin Martin

À ma famille

Préface

Douze années à la radio, vingt-huit à la télévision dont vingt-cinq au journal de 13 heures de TF1, et quelques dizaines d'émissions de divertissement le vendredi ou le samedi soir. J'ai eu ma part dans cette machine médiatique avec ses joies, ses fantasmes et ses limites. J'ai vécu les évolutions et vu passer la plupart de ceux que l'on connaît ou que l'on a connus : journalistes, animateurs, producteurs, directeurs, acteurs, artistes ou responsables politiques. Le temps est venu de livrer les bons moments et les moins bons de ces quarante ans de carrière, les belles rencontres et les moins belles, les paris gagnés ou perdus et surtout l'immense bonheur d'avoir travaillé autant d'années dans ce milieu, exigeant, dur parfois, mais passionnant. Une vigie sur le monde. Le reflet de nos évolutions. Le témoin de nos détresses et de nos espoirs. Les médias offrent une palette de métiers passionnants que l'on sépare trop souvent par pur corporatisme. Revers de la médaille, ils sont dangereux pour l'ego. Je ne crois pas être tombé dans le piège. Ce livre n'est pas une autobiographie. Ce qu'il raconte n'est pas le reflet complaisant de mon miroir. Il est le regard que je porte chaque jour sur ces temps qui changent plus vite qu'on ne le voudrait. Il est également une immersion aussi fidèle que possible dans la coulisse des studios, plateaux, micros et caméras. À la source. Une sorte de « voyage en terre inconnue » que je vous invite à partager.

Ce que j'ai envie de vous dire

Je ne vous apprendrai rien si je vous dis que pendant ces quarante dernières années les médias ont beaucoup évolué.

À la radio, par exemple : depuis que les studios sont équipés de caméras, on y pénètre par effraction via la fenêtre d'Internet et des réseaux sociaux. En cédant à l'envie du public de tout voir, les mots ont gagné un visage et perdu de leur magie. On ne murmure plus à l'oreille des auditeurs. On ne s'adresse plus à leur imaginaire. On oublie que les mots sont de la famille de l'intime. Ils peuvent être durs, ils seront moins traumatisants qu'une image tragique. Même grossiers, ils ne tombent pas automatiquement dans le vulgaire.

Grâce à sa facilité d'utilisation et à la voiture, la radio est entrée en résistance. On la croyait morte au profit de la télévision, comme aujourd'hui on croit la télévision morte au profit des réseaux sociaux et des plateformes de programmes à la demande. L'un ne chasse pas l'autre. Ils se partagent plusieurs besoins croisés.

D'abord celui de consommer de l'info sous toutes ses formes. Ensuite, de choisir sa fiction sur l'écran dont on dispose, téléviseur au salon ou Smartphone dans la main. Aussi le besoin de se distraire quelle que soit la source.

Enfin et surtout le besoin de communier lors des grands évènements, sportifs en particulier. Une consommation toujours plus importante. Parle-t-on alors d'enrichissement de l'offre ou d'incitation à la dépendance ? On pourra aborder ce débat. Ce qui est certain, c'est que le temps que nous passons devant un écran en plus de l'ordinateur au travail finit par créer une accoutumance au virtuel au détriment du réel.

Du point de vue des chaînes historiques comme TF1, plus le téléspectateur dispose de programmes variés, plus la part de chacun des médias se disperse et se réduit. Un phénomène qu'elles ne peuvent accompagner qu'en réduisant leurs coûts de production et en concentrant autour d'elles d'autres médias au sein de grands groupes. Ce qu'on appelle la croissance horizontale.

Ensuite, ne sous-estimons pas ce reste d'instinct grégaire qui nous incite aujourd'hui encore à partager au même moment un programme d'information ou de divertissement. Dans mon enfance, ce besoin était fort. On commentait avec les copains l'émission ou le film de la veille à la récréation. On ne risquait pas de se tromper, il n'y avait qu'une puis deux chaînes. Le pauvre camarade dont les parents n'avaient pas de téléviseur se sentait exclu du groupe, voire de la vie sociale tout court. C'était mon cas. Heureusement ma grand-mère a réparé l'outrage en s'équipant d'un petit écran, noir et blanc à l'époque, dont l'image tenait plus d'un paysage nocturne sous la neige que de la 4K d'aujourd'hui.

Que reste-t-il de ce besoin de communion ? Suffisamment pour que les 13 heures et les 20 heures gardent une audience importante. Ils correspondent encore – mais pour combien de temps ? – à des moments de la journée dont le rythme est malgré tout en train d'évoluer : la journée continue, le télétravail, les RTT, etc. On rentre de moins en moins déjeuner chez soi. On grignote au bureau. On prend le temps de s'informer vite fait devant une chaîne info. Quand la publicité montre une famille réunie au salon devant sa télé, c'est parce qu'elle joue à un jeu vidéo. Les autres sont devant leur Smartphone ou leur « ordi ». L'âge et la maturité des générations successives suffiront-ils à renouer avec le besoin de partager les grands-messes d'antan ? Rien n'est moins sûr. Les mœurs évoluent sans retour et, comme on l'a dit, l'offre ne cesse de s'étoffer.

Malgré tout, cette richesse de programmes a sa limite. Tout finit par se ressembler et le public se regroupe par affinité. Ceux qui aiment le sport, ceux qui veulent des films, d'autres qui cherchent à découvrir et voyager à travers des documentaires. *In fine*, la multitude des offres et leur complémentarité ajoutées à la multiplication des écrans de toutes tailles, du Smartphone à la télé XXL, ouvrent plus de perspectives qu'elles n'en ferment. Plus de choix pour les uns, plus d'opportunités pour les autres. C'est aux diffuseurs et aux sondeurs d'audience de s'adapter tant bien que mal. Où est le problème, si je regarde le journal télévisé sur mon ordinateur en *replay* et un match de football sur mon Smartphone en quittant le bureau, le suivre en voiture à la radio pour le retrouver sur l'écran géant du salon avec une image d'un tel réalisme qu'on se croirait dans le stade ? Profitons-en au contraire. Seule condition : que tous les supports qu'on peut choisir aujourd'hui pour suivre un programme puissent être comptabilisés, car l'enjeu économique est vital.

Ce sont les audiences qui déterminent le prix des recettes publicitaires d'une chaîne.

À la radio, la seule chose qui n'a pas changé, c'est le timbre d'une voix. Il marque toujours les mémoires autant qu'un visage. Un témoignage bien raconté nous touche au plus profond de notre sensibilité, rien que par l'imagination. Quand on est journaliste, l'image est à la fois un plus incontestable et malheureusement une contrainte qui limite l'intérêt d'une information. Pas d'image, pas d'info. Telle est souvent la règle. De ce point de vue, la radio offre plus de souplesse, mais se limite à décrire plutôt que montrer. Donner la place au poids des mots plus qu'au choc des images. Le talent d'écrire contre celui de filmer.

À la télévision, il est vrai que l'image est au cœur de la proposition. Tellement captivante que, pendant longtemps, le son a été le parent pauvre des programmes et des fabricants de téléviseurs. Venant de la radio, cette négligence m'a toujours agacée comme d'être statique devant son écran.

L'image est un aimant anesthésiant quand la radio offre plus de liberté de mouvement. Ce n'est pas un hasard si la radio s'écoute beaucoup le matin, en donnant l'heure avant de partir au travail, et la télé se regarde le soir, en rentrant se reposer, sans contrainte d'horaire autre que l'envie d'aller se coucher. Voilà au moins un rythme qui, lui, ne change pas beaucoup.

C’est comment, un journal télévisé ?

À TF1 comme dans les autres grandes chaînes, le plateau du JT, magnifié par un décor high-tech et des lumières d’une exceptionnelle qualité, est un sanctuaire. Les caméras ne s’échappent jamais en coulisse, sauf pour rendre hommage à un collègue de la régie qui part à la retraite. Dans ce cas, c’est un caméraman de reportage, qu’on appelle JRI (journaliste reporteur d’images) qui vient filmer caméra à l’épaule. Une affaire de famille qu’on médiatise pour la postérité.

Quant à la mécanique du journal, on ignore tout de ses exigences, de sa précision horlogère, de la sérénité qui entoure sa préparation. La gestion du temps, à la seconde près, surprend. Pas d’approximation, pas d’excuse pour le retard ni d’échappatoire, pas le temps de palabrer. Le présentateur doit être au rendez-vous, avec toute l’équipe, prêt, à temps et en forme. Si, par accident, ce n’est pas le cas, il ne doit rien montrer.

Le journal me fait toujours penser à un grand orchestre. Chaque édition est un concert, une nouvelle partition à écrire en quelques heures, sans répétition possible, avec le risque permanent de devoir tout improviser en cas d'évènement majeur. Heureusement, chacun maîtrise parfaitement son instrument. Le présentateur est à la baguette, avec les rédacteurs en chef et le réalisateur. Ils sont entourés de spécialistes qui surveillent l'actualité, débattent, décident et corrigent, parfois jusqu'au dernier moment, y compris pendant le journal. Ils analysent, pendant que d'autres imaginent et fabriquent les visuels du plateau, les illustrations graphiques. Le présentateur, lui, se concentre sur les lancements qu'il rédige à partir des éléments factuels fournis par les reporteurs et collectés par l'assistant ou l'assistante d'édition. Il a, comme on dit, le *final cut*. En cas de problème ou de choix à faire, c'est en principe lui qui tranche. Dans la réalité, il ne le fait que très rarement seul. À quoi se raccroche-t-il dans ce cas ? Les exemples de situations critiques sont nombreux, comme les exercices de haute voltige quand l'actualité nous explose à la figure au dernier moment. Concentration et sérénité sont la règle. Plus simple à dire qu'à faire. Même par temps calme, il est compliqué de faire simple chaque jour. Si le téléspectateur pense que tout est facile, c'est justement parce que rien ne l'est.

Je ne passerai pas sous silence tous ces incidents, ces fous rires, ces bafouillis, ces lapsus dont je suis un grand spécialiste. Ces noms propres sur lesquels on bute, ces sujets d'ouverture qui n'arrivent pas à temps, ces politiques à qui on n'a rien à demander et qu'on invite uniquement pour respecter l'équilibre des temps de parole imposé par le CSA, le gendarme de l'audiovisuel, qu'on appelle l'ARCOM depuis le 1er janvier 2022. L'Autorité de régulation de la communication audiovisuelle et numérique (résultat de la fusion entre le Conseil supérieur de l'audiovisuel et la Haute Autorité pour la diffusion des œuvres et la protection des droits sur Internet, Hadopi...). Ouf. Encore une machine à couper les cheveux en vingt-quatre au nom de l'indépendance des médias, de l'équité politique et du respect de la neutralité commerciale.

Autre spécificité. En pénétrant dans les foyers, souvent en plan serré, le journal crée une intimité avec le téléspectateur à qui on parle les yeux dans les yeux. Je me souviens de Lucette, l'adorable postière du village où j'ai vécu en Gironde, qui m'accueille à son guichet tout en riant. Elle m'explique que la dame qui était avant moi l'autre jour dans la file d'attente est revenue vers elle après mon départ, pour lui dire avec le plus grand sérieux qu'elle était sûre d'avoir mangé avec moi. Lucette lui a expliqué que c'était probablement une erreur. Pas du tout. C'était une certitude. En vérité, c'est plutôt moi qui m'étais invité chez elle à l'heure du déjeuner, pendant le journal. Une anecdote touchante.

Je ne négligerai pas le courrier des téléspectateurs. Des lettres affectueuses, trop, parfois, parce que leurs auteurs idéalisent un métier qui n'est d'abord et avant tout qu'un métier, certes public, mais, très sincèrement, ce n'est pas ce à quoi on pense en l'exerçant. Pour beaucoup, passer à la télé, c'est aussi revêtir un habit de lumière censé donner tous les pouvoirs. C'est faux, bien sûr. Il faut distinguer cela de la notoriété qui est à la fois un laissez-passer flatteur et un abandon de liberté parfois pesant. De l'amour fantasmé à la haine irréfléchie, il n'y a comme toujours qu'un pas, qui conduit directement aux insultes, voire à la violence. Cela arrive plus souvent qu'on ne le pense.

À ce propos, je me souviens avoir reçu Brigitte Macron en janvier 2022 pour qu'elle nous parle de l'opération « Pièces jaunes » au profit des familles d'enfants malades. Une tradition avec les épouses de président. Elle était interviewée en sa qualité de présidente de la Fondation des hôpitaux, mais Brigitte Macron était aussi au cœur d'une actualité multiple. D'abord en pleine campagne de dénigrement et de rumeurs odieuses lancées contre elle sur les réseaux sociaux. Et puis dans l'attente de la déclaration de candidature de son mari à un deuxième mandat. À cela s'ajoutait un « j'emmerde les non-vaccinés » que le président avait déclaré dans la presse. Bref, difficile de contourner tant d'obstacles, même si le chemin des pièces jaunes était pavé de bonnes intentions !

J'avais retrouvé Madame Macron dans la loge de maquillage, comme c'est la coutume lorsqu'on reçoit une personnalité. Nous étions entre nous, hors antenne et dans une relation de confiance. On l'oublie souvent, mais même les plus grandes personnalités regardent la télé, surtout le journal. Je savais que la Première Dame n'aimait pas l'exercice. Elle m'avait confié qu'elle se sentait parfaitement à l'aise devant une classe, même turbulente, mais pas sur un plateau de télévision. Je la sentais tremblante, et mon premier devoir était de la mettre à l'aise, et surtout en confiance. Nous avons parlé d'un lieu que nous avons partagé, Le Touquet-Paris-Plage sur la Côte d'Opale. Et puis le président lui avait dit que je n'étais pas un journaliste piégeur. Je me devais quand même de lui demander ce qu'elle pensait faire pour arrêter cette campagne infamante. Elle m'avait confié qu'elle allait porter plainte et qu'elle ne serait pas mécontente de pouvoir l'annoncer.

C'était l'occasion, en effet, car l'opération « Pièces jaunes » est un classique sans surprise, bien connu après une vingtaine d'éditions. Un marronnier, comme on dit dans nos métiers. Nous attendions aussi l'annonce de la candidature du président, et on a beau ne pas être un « journaliste piégeur », on n'en est pas moins un journaliste. Elle m'avait confié en riant : « N'essayez pas de me le faire dire. Si je lâche l'info, je ne reviens plus jamais à la télévision. »

Un secret de polichinelle en vérité. Après quelques allusions pour la forme, j'ai donc posé la question de l'emploi du mot « j'emmerde » à l'ancienne professeure de français, qui m'a répondu en replaçant les propos du président dans le contexte de l'interview et en justifiant l'agacement de son mari, partagé par de nombreux Français, d'entendre parler de liberté pour soi par de nombreux « anti-vax » et pas de liberté pour autrui, réponse à laquelle je m'attendais évidemment. Pour être président de la République, on n'en est pas moins homme.

Quant aux propos diffamatoires, j'étais d'accord pour lui donner la parole, mais à la condition de contextualiser ma question, car ceux qui n'avaient pas eu vent de l'affaire n'auraient rien compris. Je suis donc revenu à l'antenne, avec son plein accord, j'insiste, sur cette rumeur affligeante qui voulait répandre l'idée que Madame Macron était « née homme ». J'avoue que face à face sur le plateau, les mots ne sont pas sortis spontanément. Ce sont des choses difficiles à dire à une femme, et même d'un commun accord. Question de pudeur et de respect. Cela lui a néanmoins permis de donner l'information des poursuites envers les deux femmes à l'origine de l'horrible *fake news*. Information qui n'a pas manqué d'être reprise par les autres médias. C'était le but.

Vous n'imaginez pas les lettres d'insultes et de haine que j'ai reçues à mon tour, pour avoir osé traiter de la sorte l'épouse du président de la République.

« Je vous prenais pour quelqu'un de bien, quelle erreur. – Vous devriez avoir honte. – Je ne regarderai plus jamais votre journal.– J'écris à votre direction », etc. Laquelle direction était présente quand nous en avions parlé dans la loge avec Madame Macron et l'aréopage des conseillers de l'Élysée bien sûr…

Cela fait partie des risques du métier de n'être pas ou mal compris. Le pire pour moi, ce sont les lettres de détresse. L'idée que « passer à la télé » est synonyme de baguette magique. On s'offre involontairement comme le dernier recours à une situation dramatique. Donner de l'argent, comme on me le réclame parfois, c'est entrer dans une spirale où vous finiriez par donner tout ce que vous avez. Oui, chaque cas est unique, alors une fois j'ai cédé, en prenant soin de ne pas laisser de traces bancaires. Une semaine plus tard, je recevais la même demande. J'ai stoppé net et prévenu les services sociaux. Je n'ai jamais plus eu de nouvelles. Le cas de conscience ultime.

Le courrier des téléspectateurs occupe en partie la fin de journée. Le temps qui reste quand on a commencé à écouter les radios à 6 heures du matin et qu'on regagne son bureau à près de 14 heures, la faim au ventre. Un bureau qui, par chance, jouxte la rédaction du 13 heures, au troisième étage de la tour TF1 devant la Seine. En regardant par les vitres, on voit passer les péniches. Au loin, la tour Eiffel et le pont Mirabeau où, depuis Guillaume Apollinaire, la joie vient toujours après la peine. De ce côté-là, rien n'a changé.

Comme dans tous les métiers, rien n'est simple même si on en possède les clés et les codes. Mais cela ne doit pas nous détourner de notre mission première, informer le plus honnêtement et le plus vertueusement possible, car c'est notre responsabilité. Elle n'est pas sans conséquence. On engage son nom, son image, sachant qu'on ne plaira pas à tout le monde. Que certains vous détesteront. Alors, quelle est la part de masochisme et celle d'exhibitionnisme dans ce métier ? L'excitation de se faire peur tous les jours ? Le désir irrépressible de se montrer, de plaire, ou le besoin d'être en prise directe avec les choses de la vie ? Comme souvent, c'est dans l'histoire de chacun que se trouve, en partie, la réponse. Je n'échappe pas à la règle. Pour ce qui me concerne, je répondrais le besoin d'être aimé, sans doute, et l'insatiable curiosité de tout.

La famille du 13 heures

L'équipe du 13 heures de TF1 est une famille, avec ses moments de bonheur et ses crises. La tradition veut que, de retour d'un reportage ou de quelques jours de vacances, un membre de la rédaction rapporte une ou deux spécialités locales. Résultat, c'est buffet campagnard à toute heure. On arrive très tôt. 6 heures, 6 h 30 pour quelques-uns. 7 h 30 pour moi. On plaisante comme des potaches. Rire pour ne pas céder à la pression et surtout ne pas se prendre au sérieux, ce qui est la meilleure façon de l'être. Cela n'empêche pas de pouvoir se transformer en machine de guerre le moment venu.

Dans cette équipe, on aime d'abord la vie et la France dite profonde plus que celle des experts et des élus. Cela veut dire qu'avant de décrypter une information, on commencera toujours par demander l'avis du public concerné. Tous journalistes, certes, parce que professionnels, responsables et libres de nos choix, mais convaincus de devoir donner la priorité à ceux qui vivent loin de l'agitation artificielle de la capitale, ceux que l'*intelligentsia* parisienne regarde de haut, ceux qui travaillent et se battent pour vivre décemment et pour que le pays ne se transforme pas en une succession de déserts et de villes, ceux qui ne se prendront jamais pour le centre du monde. Cette France-là mérite tous nos efforts, notre respect et notre attention. Elle est notre source d'inspiration et d'illustration pour ramener les sujets nationaux à leur dimension individuelle et réelle.

Pour moi, présenter le journal consiste à percevoir de l'intérieur la vie de ceux qui nous regardent. Je n'ai aucun mérite à le faire. Je suis issu de cette France-là. Ne pas oublier d'où on vient permet de garder le recul nécessaire au moment de faire un choix éditorial ou de décider des clés à donner pour que le plus grand nombre comprenne cette société si compliquée, si souvent injuste et violente. Il faut aussi offrir à chacun la possibilité d'échapper, ne serait-ce qu'un moment, au tout-négatif et anxiogène. Montrer qu'un village offre encore et toujours un modèle de vie communautaire au sens collectif et solidaire du terme. Revenir à une hiérarchie des valeurs trop souvent négligée. Faire de la réalité, ordinaire en apparence, une source d'exemples porteuse de solutions. Quant aux souffrances, si présentes au quotidien dans l'information, on ne peut les ignorer. Elles nous imposent pudeur, justesse, recul, sobriété et sincérité. L'inverse de ce que les réseaux sociaux étalent trop souvent en se rangeant derrière deux mots qu'ils ont vidés de leur sens : liberté et respect. On en reparlera.

La face cachée du 13 heures est surprenante. Celui de TF1 en particulier. Ce journal est unique en son genre. Sa ligne éditoriale n'est pas arrivée par hasard. Après l'ère Mourousi, ultra-parisienne et branchée, des années quatre-vingts, Il fallait montrer que Paris n'est pas la France. Jean-Pierre Pernaut, le Picard, était l'homme de la situation. Ses références aux traditions, ses commentaires parfois à l'emporte-pièce et son enthousiasme inébranlable ont fait son succès. Il nous a quittés le 2 février 2022 des suites d'un cancer des poumons. Fumeur invétéré, il avait, avant de partir, exprimé ses regrets de n'avoir pas écouté ceux qui lui disaient d'arrêter. Un aveu trop tardif qui, on l'espère, aura servi de leçon à d'autres. Je lui consacrerai un chapitre ainsi qu'à nos relations à la fois cordiales et distantes.

Aujourd'hui encore, la bien-pensance germanopratine se moque de son journal qu'elle compare au magazine de la ruralité, voire des sabotiers, sous-entendu, des ploucs. Elle explique avec mépris qu'on n'y parle jamais de l'actualité, ce qui est faux. Qu'on y voit très peu de ministres, ce qui est vrai. Ni parisien ni anti-parisien. Ni institutionnel ni anti-institutions. Si, quelques fois, l'abus d'us et coutumes séculaires a donné l'impression d'un journal passéiste, reconnaissons aussi qu'il est traditionnellement de bon ton chez certains de nos confrères de critiquer un journal qu'ils ne regardent pas et qu'ils ne regarderont jamais.

Mais la société ne cesse de se construire, de se déconstruire et parfois de se reconstruire. Elle ne se renouvelle pas à la naissance de chacun. Elle s'écrit dans le temps au gré des générations et des époques. Aujourd'hui, le dérèglement climatique, la pandémie de COVID, l'invasion barbare de l'Ukraine à nos portes nous ont rappelé subitement la fragilité de nos existences, la nécessité de trouver de nouveaux liens pour réfléchir ensemble, malgré l'individualisme triomphant.

Est-ce le retour du sens et du bon sens ? Le besoin personnel de redonner un « coup de vrai » à sa vie, loin du bruit et des besoins illusoires ? Autant de valeurs que porte notre journal depuis bien avant le COVID. Retrouverait- il une modernité chez ceux qui le découvrent ? J'en suis convaincu. Ses choix éditoriaux différents resteront sa force tant qu'ils n'apparaîtront pas décalés. À l'opposé des chaînes infos toujours pressées, le 13 heures se pose à table. Il partage le repas tranquillement. Il est de la famille. Et puis, l'actualité ne se rabâche pas comme un moulin à prières. Elle ne se sermonne pas non plus. Elle accompagne ce public qui nous ressemble et à qui nous devons tout, sans nous prendre pour des faiseurs d'opinion. Je ne suis pas loin de penser, en paraphrasant la célèbre phrase de Clemenceau, qu'un journal regardé par plus de cinq millions de fidèles en moyenne depuis tant d'années est trop sérieux pour être confié à des journalistes.

C'est à travers ces vingt-cinq années passées dans ce cocon du 13 heures de TF1 que je voudrais répondre à votre curiosité légitime. Vous entraîner en coulisses. Les écrans ont pris tellement d'importance dans nos vies ! Vous inciter à réfléchir à ce que nous regardons. Partager avec vous mon regard sur l'évolution des métiers du journalisme au temps des réseaux sociaux. Une révolution qui, si on ne fait rien, tuera bientôt l'information. Donner aussi à quelques-uns, qui voudraient devenir journaliste, l'envie de persévérer et surtout d'oser. Leur dire à quel point la technique n'est rien comparée à l'éthique.

Comment arrive-t-on au JT de TF1 ? Comment se passe le journal ? Comment gère-t-on le trac, le stress ? Peut-on parler de pressions, à commencer par celle de l'audimat ? Être journaliste, femme et homme de média, cela reste l'un des plus beaux engagements professionnels, le plus ouvert, le plus indépendant des hiérarchies, le plus au contact des réalités. Raconter la vie telle qu'elle est n'est pas un exercice ni une routine, C'est une philosophie de vie, une envie qui devient vite une passion.

Dans cinq minutes, le journal

Un mardi de juillet 2022, 12 h 50.

Deux agents de sécurité en costume gris clair gardent l'entrée du plateau depuis maintenant une bonne demi-heure. La zone de fabrication du journal est critique. Il faut être dûment habilité pour y accéder. L'information est un outil stratégique. On ne peut pas risquer de la voir tomber aux mains d'activistes, voire de terroristes ou tout simplement de fous. Il faut la protéger à la source.

Une voix dans les haut-parleurs annonce la couleur :

« Journal à 12 h 58 min 50 s »

C'est l'heure de début du journal. La consigne est diffusée dans tout l'étage de fabrication, qu'on appelle familièrement « salle de fab ». Un grand espace ultramoderne. Il jouxte le plateau qu'on voit à travers une grande baie vitrée horizontale. À côté se trouve la régie, éclairée par la seule lumière des dizaines d'écrans. Dans son prolongement, on trouve des salles de montage, de visionnage, de réception et de traitement des reportages commandés pour l'édition. C'est aussi là que se trouve la cabine du présentateur. Un mini-espace qu'il partage avec sa complice « prompteuse » à qui il dicte son journal. C'est elle qui, dans un instant, manipulera cette invention géniale qui permet de faire défiler le texte sur une glace sans tain pile devant l'objectif. On regarde le téléspectateur en face, sans qu'il s'aperçoive qu'on lit un texte. La seule difficulté est que le prompteur impose de ne pas mettre plus de trois mots par ligne pour éviter que les yeux balayent le texte de gauche à droite. Cela se verrait. Il faut par conséquent lire verticalement et quand un nom compliqué est coupé en deux, c'est le « savonnage » assuré. Cela me vaut de participer à quelques bêtisiers…

Le présentateur a donc droit à un petit bureau fermé, pour la tranquillité, mais vitré, pour rester en contact visuel avec l'assistante qui fera vingt allers-retours pour l'informer d'un changement ou pour un renseignement, une précision comme la prononciation d'un lieu par exemple. C'est fondamental. Écorcher un nom de village à 13 heures, c'est se mettre à dos des milliers de téléspectateurs outrés de votre ignorance. Et pourtant, cela arrive. Pour éviter ce genre d'incident, on téléphone à la mairie si elle est ouverte passé midi, ou à un commerçant, et on lui demande la bonne prononciation. La pauvre assistante, Éva ce jour-là, doit assumer toute seule l'ignorance de son présentateur adoré (moi). Le problème est qu'elle n'a pas toujours le temps, la pauvre. Mais elle est tellement géniale qu'elle pensera à le faire en plateau et à me prévenir dans l'oreillette. Et puis il y a les chapelles. Je me souviens d'un débat entre nous à propos de la prononciation du département du Gers. Les uns, dont j'étais, affirmaient qu'il fallait dire « Gersss », les autres « Ger ». On a donc appelé une mairie locale au hasard pour s'entendre dire que les anciens appuyaient sur le « s » final tandis que les plus jeunes le rendaient muet. La décision a été prise de dire les deux en ajoutant : « C'est à vous de choisir ! » Pas courageux, mais efficace.

L'heure de la prise d'antenne est précise. Personne ne peut dire qu'il n'a pas entendu. Les excuses n'ont pas cours ici. Tout est calculé à la seconde près. Les programmes et les écrans publicitaires qui précèdent et qui suivent le journal sont tous enregistrés. Seules les infos et la météo peuvent varier en fonction du temps qui reste. C'est pourquoi leur durée n'est jamais parfaitement fixe. C'est à elles de s'adapter aux horaires qu'on leur attribue.

Celui qu'on appelle le chef de chaîne est le maître des horloges. À l'image d'un chef de gare, il a la charge, du haut de son bunker, de gérer tous les trains pour qu'ils respectent les horaires et les bonnes destinations. Après avoir sifflé le moment du départ dans les haut-parleurs, il donne l'heure d'arrivée au chef d'édition, qui joue le rôle de contrôleur à bord du journal. C'est à lui que revient la responsabilité d'arriver au bon endroit, à bon port, sans incidents… Et à l'heure.

On est paré, maquillé, dans une loge à l'étage. Pour un homme, c'est assez rapide. Pour une présentatrice, un peu plus long à cause de la coiffure. Grâce à la haute définition, le fond de teint est plus léger qu'avant, mais on ne peut quand même pas oublier de l'enlever avant de sortir dans la rue, ce qui m'est déjà arrivé. Drôle, mais pas discret !

Je profite du peu de temps qu'il me reste avant l'antenne pour vous expliquer pourquoi l'audience du journal – le nombre de téléspectateurs qui l'ont regardé – et sa part de marché – le pourcentage des téléspectateurs présents devant la télé et qui ont choisi ce journal plutôt qu'un autre programme – sont un élément capital. Il mesure l'intérêt du public en le comparant aux offres concurrentes. Pour les annonceurs qui font vivre la chaîne (TF1 est un groupe privé qui ne perçevait pas la redevance publique, supprimée depuis peu), cette double mesure permet de prendre la décision d'investir ou pas dans des écrans publicitaires. Ils pourront choisir cet horaire parce qu'il est performant et adapté à leur produit ou leur image, donc gage de rentabilité.

Sur l'ensemble de la journée, les deux journaux de 13 et 20 heures sont, avec les émissions de soirée qu'on appelle *prime time*, les plus regardés, donc les plus prisés et les plus chers. C'est logique. À noter que si une émission peut être entrecoupée de publicités, cela est interdit dans les journaux. Vous l'aviez sans doute remarqué.

Commençons par l'audience, c'est-à-dire le nombre estimé de téléspectateurs qui ont choisi tel ou tel programme. La société Médiamétrie est chargée de la mesurer. Qui n'a jamais entendu parler de l'Audimat, sa marque la plus connue ? Ses actionnaires sont les groupes de télévisions, de radios et l'union des annonceurs, chacun pour un tiers environ. Un gage d'indépendance à l'égard de l'État, d'un média en particulier ou d'un groupe extérieur qui pourrait être tenté d'exercer des pressions.

Son fonctionnement est basé sur un échantillon représentatif de la population française composée de cinq mille foyers qui possèdent un téléviseur. Cela représente un peu plus de onze mille personnes qui ne sont pas rémunérées, mais reçoivent un chèque-cadeau de cent euros (dit-on sans certitude) par an.

L'INSEE (Institut national de la statistique et des études économiques) fournit les données pour qu'elles représentent sans conteste et le plus finement possible cette population dans toute sa diversité sociologique et géographique. Tous les foyers du panel sont équipés d'un boîtier qu'on appelle audimètre et d'une télécommande spécifique qui permet à chaque membre de s'identifier lorsqu'il regarde un programme. Il active l'audimètre une fois en arrivant devant l'écran, une fois en le quittant. Pour être pris en compte, un programme doit avoir été regardé au moins dix secondes d'affilée.

L'audimètre enregistre tout : la personne qui regarde, la chaîne, la date, l'heure. Les données sont transmises automatiquement entre 3 heures et 5 heures du matin au centre de calcul, qui extrapole les résultats à l'échelle de tous les téléspectateurs de France. Ces résultats sont livrés chaque matin à 9 heures aux abonnés, sur leur téléphone portable. C'est pour nous, en charge du journal, comme pour tous les producteurs et animateurs, l'heure de vérité.

Sept jours après la diffusion en direct, Médiamétrie transmet les audiences « consolidées ». Le nombre de ceux qui ont regardé le programme en direct, auxquels on ajoute ceux qui l'ont regardé après-coup, en *replay*, comme on dit.

La question qui vient forcément à l'esprit est comment peut-on être certain de l'exactitude des chiffres? La réponse nécessite qu'on fasse la différence entre une valeur absolue et une valeur relative. La première indique une performance plus ou moins juste, puisqu'on se base sur un échantillon. La seconde mesure un écart entre les performances de plusieurs programmes comparables. Cet écart est juste, quelle que soit la fiabilité de la valeur absolue. Il s'applique à tous de la même manière. Ajoutons que l'outil de mesure a été conçu de manière scientifique et qu'il est affiné en permanence en fonction d'un nombre incalculable de critères, que seuls de puissants ordinateurs sont capables de traiter. Pour qu'on comprenne bien : si l'on peut admettre, pour cause d'extrapolation, une légère imprécision sur les mesures globales, on ne peut contester les différences entre les chaînes soumises à cette photographie prise au même moment. C'est cet écart qui intéresse les annonceurs dans la décision d'investir dans une chaîne et un programme.

Pour nous journalistes (et producteurs), la mesure de notre travail se matérialise aussi par un ensemble de courbes. Elles décrivent la vie du journal minute par minute, le nombre de téléspectateurs présents, leur âge, à quel moment ils sont arrivés devant l'écran, quand ils en sont partis, combien de temps avant la fin, etc. Y a-t-il eu des moments de faiblesse, marqués par un fléchissement de la courbe qui montrerait qu'un sujet n'a pas retenu l'attention de certains? Tout est mesuré à chaque instant. Je me souviens d'une époque où il suffisait de quelques images d'archive en noir et blanc dans un reportage pour que la courbe marque une chute brutale et passagère. Pour certains téléspectateurs, le noir et blanc au milieu de la couleur évoquait sans doute un passé qu'ils ne voulaient plus voir. Le détail est instructif, car la puissance du journal est telle qu'une légère inflexion sans importance peut porter sur cent mille téléspectateurs. C'est peu et pourtant énorme rapporté à une salle de spectacle ou une manifestation à l'extérieur. À la télévision, c'est presque la marge d'erreur.

Le vrai problème de ces audiences est qu'il faut les considérer avec suffisamment de recul pour préserver son indépendance éditoriale. La tentation pourrait être de faire un journal sur mesure, un produit de consommation au goût du plus grand nombre. Nous ne pourrions plus alors être considérés comme des professionnels de l'information. Nous aurions franchi la frontière du marketing pour nous rapprocher de la communication. Ne pas avoir la tentation de céder aux sirènes du commercial, qui paradoxalement nous fait vivre, cela fait partie de l'éthique. Le symbole en est la carte de presse, qui n'est ni une décoration, ni un passe-droit, mais la marque d'un devoir d'objectivité et de rigueur contrôlé par ses pairs.

L'autre élément à prendre en compte dans ces mesures d'audience est la part de marché. Imaginons que la totalité des téléspectateurs réunis au même moment devant l'écran soit un gâteau à découper en autant de parts qu'il y a de chaînes. À l'époque où il n'y en avait que trois, on faisait trois parts plus ou moins grosses selon l'audience de chacune. Les plus regardées avaient la plus grosse part de marché. Rien n'a changé sauf qu'aujourd'hui, la Télévision numérique terrestre gratuite en compte vingt-sept et les box beaucoup plus. Les parts sont forcément plus petites.

Pour ce qui est de la durée du journal, plus elle dépasse celle de la concurrence, plus on récupère du gâteau de ceux qui ont quitté la table. On dit que la part de marché est corrélée à la durée. C'est une donnée essentielle pour les chaînes, qui s'équilibre avec le fait évident que plus un journal est long, plus il coûte cher à produire.

Revenons en direct à notre édition du jour.

12 h 54. Il commence à y avoir urgence. Il me reste un peu plus de quatre minutes pour être en place. Il ne faut pas

traîner, mais tout va bien. Les plus anciens se souviennent ici de PPDA qui arrivait, avec le flegme qu'on lui connaît, face à la caméra quelques secondes avant la prise d'antenne. C'était son petit défi de matador de l'info. Moi, je déteste courir. Je n'oublierai jamais ce flash, un matin à France Inter, où par inexpérience sans doute, j'avais oublié l'heure. J'ai couru jusqu'au studio et n'ai jamais pu reprendre mon souffle. Tout le monde a cru que j'allais mourir étouffé en direct. On apprend de ses réussites, mais plus encore de ses erreurs, c'est bien connu.

Un dernier coup d'œil à mes textes en me dirigeant vers le plateau. Ils sont imprimés sur des fiches cartonnées faciles à tenir à la main. Côté face, vers les caméras, on peut voir 13 heures écrit en gros sur le fond bleu du générique. Côté pile, sont imprimés les lancements des sujets. Je les ai écrits et dictés. Ils seront aussi affichés au prompteur. En cas de problème technique, j'ai le choix. C'est une sécurité. Oui, le présentateur écrit les textes de ses lancements. Une autre question qu'on me pose souvent. Vous avez la réponse.

Franck, le chef d'édition ce jour-là, sort en trombe de la salle de visionnage pour m'alerter avant que je pénètre sur le plateau : « Le reportage du bureau de Marseille n'est pas encore arrivé. Un problème de réseau. Je te tiens au courant si on doit changer. »

Une situation classique, sauf que d'habitude on est prévenu plus tôt. De toute évidence, le téléphone passe mal du côté des calanques de Cassis où une équipe tournait ce matin le sujet d'ouverture du journal. La couverture 4G est sans doute trop faible. Le système Aviwest, qui permet d'envoyer un reportage via l'ensemble des opérateurs du réseau GSM, rame. Les journalistes doivent se déplacer pour trouver un emplacement mieux couvert. Ça urge. Vu l'heure, on risque fort de ne pas le recevoir à temps. C'est la grande difficulté du 13 heures par rapport au 20 heures. Le temps de préparation est court, d'autant que deux contrôles s'imposent avant la diffusion, l'un technique pour détecter d'éventuels défauts sur l'image et le son, l'autre éditorial pour voir si le reportage correspond bien à la commande passée le matin même, et surtout ne comporte pas d'erreur ou de fautes de français ! C'est le rôle des personnes présentes dans cette salle de visionnage, où sont regroupés rédacteurs en chef, chef d'édition, script, chefs de service, souvent le directeur de la rédaction et les auteurs des sujets réalisés par la rédaction parisienne. Une dizaine de paires d'yeux et d'oreilles attentifs au moindre défaut, que l'on ne peut pas toujours corriger, faute de temps. Dans l'urgence, il faut compter sur la météo qui ouvre traditionnellement le journal. Une minute qui peut tout changer.

Maintenant, il faut y aller ! Une fois passé la porte du plateau, on pénètre dans un trou noir. C'est l'arrière du décor. Pour accéder à la position prédéfinie, il faut se faufiler entre le poste de travail de l'assistante, Eva, qui guette les infos urgentes sur son écran d'ordinateur. À ses côtés, Rosine, à qui j'ai dicté mes lancements. Elle va manipuler le prompteur au rythme de ma diction. Toujours prête à faire des modifications en fonction de mes envies de changement. Il faut bien comprendre qu'entre ce qu'on ressent au moment d'écrire, à froid, dans le bureau, et les idées qui viennent en plateau, il y a souvent un décalage. Alors on réécrit en urgence ou on improvise. Dans ce dernier cas, la pauvre Rosine court après mon texte en espérant retomber sur ses pieds, et moi je vois défiler le prompteur en disant tout autre chose. On se connaît, depuis plus de trente-cinq ans qu'on travaille ensemble. Toujours prête à parer à mes changements. Elle a l'habitude. Une perle, à la retraite au moment où vous lisez ce livre. Merci Rosine, pour ta patience et ton amour du français, que nous partagions avec tellement de bonheur.

À peine plus loin, l'opérateur caméra me fait un signe amical. Il est concentré sur ses réglages. Attention à ne pas se prendre les pieds dans les câbles au sol et les rails sur lesquels se déplacent les caméras mobiles comme des petits trains. Au bout de l'étroit passage, le chef de plateau m'accueille et m'alerte : « Salut Jacques. Antenne dans trois minutes. »

Équipé de deux micros HF sur le revers de la veste, j'appelle la régie pour savoir où en est l'équipe de Marseille. Personne ne répond, signe d'une agitation certaine. Je n'insiste pas. Il me faut quand même un plan B. Un rapide coup d'œil à mon retour sur l'écran de contrôle. La lumière du plateau est aveuglante. Elle ne masque rien : veste fermée. Pas de trace de poudre sur le col. Cravate droite. Mèche rebelle domptée tant bien que mal. Je sais qu'en coulisse, Anne, la maquilleuse, scrute l'image sur un téléviseur pour relever le moindre défaut. Éric, le réalisateur, fait de même en régie. Le nez et le front brillent un peu. Avec l'accord du chef de plateau, Anne s'empresse de venir faire une petite retouche sur le travail réalisé quelques minutes plus tôt dans la loge. Moi, ce qui m'inquiète, c'est le sujet d'ouverture et le silence du chef d'édition.

« Tu m'entends bien ? demande l'ingénieur du son qui vérifie à la fois micros et oreillette.

– Oui.

– Bon journal, Jacques. »

Le petit mot sympa qui illustre bien qu'on va tous décoller pour partager ces trente-sept minutes de vol en direct. On est en bout de piste, alignés, moteurs prêts à mettre plein gaz… Et toujours pas de nouvelles de Marseille !

12 h 57 min. On est à moins de deux minutes de l'antenne quand la voix du chef d'édition me parvient enfin, laconique :

« On remonte le sujet vacances, celui de la page 12 ! O.K. ?

– O.K. »

Fini, les calanques de Cassis. Comme je le craignais, on partira pour commencer ce journal dans les Landes. C'est raccord avec la météo dans le Sud-Ouest. Seul problème, le premier sujet est toujours court, pas plus d'une minute trente. Il a été tourné pour être en ouverture, pour illustrer la météo du jour. C'est l'apéritif. Une manière douce d'entrer dans l'actualité sans être anxiogène. Le reportage dans les Landes fait deux minutes. Il évoque les vacances et moins l'ambiance du jour. Et pour cause, il a été tourné la veille. C'est rageant.

En commandant de bord consciencieux, je répercute l'ordre de la tour de contrôle que chacun est censé avoir entendu : « On remonte la 12. C'est bon pour tout le monde ? »

Un oui s'échappe en chœur du pupitre de l'assistant et de celui de la prompteuse. On m'entend aussi en régie. « C'est tout bon », répète le chef d'édition.

12 h 58 min. Dernière vérification d'Éric, le réalisateur, dans l'oreillette.

« Je te rappelle, caméra 2 pour la météo et caméra 1 pour le premier sujet.

– O.K., 1 et 2 ! »

À quelques secondes de l'antenne, on devient avare de mots. Il n'empêche, la procédure est importante. *« Check, re-check and check again »*, comme disent les pilotes pour être sûr de bien se comprendre. On vérifie, on revérifie et on vérifie encore. C'est le même principe au journal. On est en direct, paré au décollage et on fait tout pour éviter l'erreur de communication qui conduirait au crash.

« 5... 4... 3... »

Le chef de plateau poursuit son décompte à voix haute

Le générique part. Il est 12 h 58 min 50 s pile. Je guette le moment où j'apparais à l'antenne sur un petit écran de contrôle au pied de la caméra 2. Je ne dois pas me faire surprendre et surtout être accueillant. C'est parti :

« Madame, Monsieur, bonjour. »

Toujours la même formule, accompagnée d'un grand sourire qui veut dire merci de m'accueillir chez vous pendant que vous êtes peut-être à table. J'y pense souvent. Debout depuis 6 heures, je commence moi aussi à avoir faim. Le sourire est pour moi un signe de bienvenue, mais aussi une marque de politesse. Il devient quelques fois délicat quand on sait que le premier sujet d'actualité est dramatique. Dans ce cas-là, trop appuyé, il est décalé et indécent. L'air grave et sévère, trop théâtral. Il faut l'esquisser par gentillesse, et poursuivre sobrement. En résumé, il faut ressentir l'actualité avec le cœur et l'exprimer en journaliste. Cela s'appelle être professionnel et sincère, sans posture ni indifférence.

« Voyons pour commencer les prévisions météo d'Évelyne Dhéliat… »

Une première carte apparaît sur les téléviseurs pendant que je détaille en *off* (sans qu'on me voie à l'image, uniquement la voix) le temps qu'il va faire l'après-midi sur la France. Un bulletin proposé par la cheffe du service météo quelques minutes plus tôt ! Merci, adorable Évelyne. Suivent les températures…

« Et pour finir, prévoyez 25 à Nantes cet après-midi, 27 à Toulouse et jusqu'à 28 degrés… à Perpignan… Et à Nice . »

Pendant que j'égrène plus lentement les dernières températures, pour marquer une césure, juste avant de tourner mon regard vers la caméra 1, comme prévu, j'entends « Marseille » dans l'oreillette. Je poursuis, sans me laisser perturber. On comprend tous sans rien pouvoir exprimer que le reportage qu'on n'espérait plus est prêt *in extremis*. Impossible de dire un mot, de faire répéter. « Tu es sûr ? » Une profonde inspiration pour gagner quelques fractions de seconde et permettre à chacun de se recaler. Je reste sur mes gardes, au cas où, dans la précipitation, le sujet aurait été mal borné et qu'il n'arrive pas à partir. Dans ce cas, il faudra improviser quelque chose du style « Désolé, un problème, on y reviendra plus tard (ou pas), etc. »

« Et pour commencer cette édition, je vous emmène dans les calanques de Cassis où, ce matin, une de nos équipes… »

Le reportage part. Tout va bien. Début de journal rattrapé au vol, sur le plateau comme en régie. Les équipes ont encore réalisé une prouesse. Certains jours, ce journal ressemble à un tour de magie, qui ne doit rien au hasard ni à la chance, mais au talent de chacun. L'important est qu'aucun téléspectateur ne se soit douté de l'exercice de jonglage exécuté ce jour-là à Boulogne-Billancourt, sur le plateau du journal de TF1.

Il y a un début à tout

Ce métier dans l'audiovisuel, je l'ai réellement commencé assez tard, en 1982, à 30 ans passés. L'opportunité est venue de la création des radios locales de Radio France, en particulier celle d'Avignon. Une proposition folle, qui m'a amené à prendre beaucoup de risques. À l'époque, j'avais un emploi d'ingénieur civil à la Délégation générale à l'armement du ministère de la Défense. Un emploi obtenu grâce à mon service militaire en tant que scientifique du contingent et à un travail de recherche en troisième cycle de sciences politiques à la Sorbonne sur la corrélation entre la logique de guerre froide et l'apparition du nucléaire tactique. Je travaillais avec le général Pierre-Marie Gallois, le père de la dissuasion nucléaire française. Un homme exceptionnel, aujourd'hui disparu. J'étais marié et ma petite Tatiana avait à peine 6 ans. Le journalisme, je n'y croyais plus. J'avais frappé à toutes les portes. La grande majorité étaient restées fermées. Quelques-unes s'étaient entrouvertes, sans déboucher sur un emploi. Je n'étais pas du sérail. Je n'avais pas fait d'école de journalisme. J'avais rayé cette ambition de ma vie.

Jusqu'au jour où une amie m'a piqué au vif : « Si tu n'oses pas maintenant, tu le regretteras toute ta vie. » Commença alors la période la plus improbable de ma carrière, la plus folle aussi, dans laquelle, si je n'avais pas pratiqué l'art du mensonge, je n'écrirais pas ce livre aujourd'hui.

Avant de me lancer tête baissée dans cette aventure, il y avait quand même eu la presse écrite et quelques expériences, heureuses ou malheureuses, mais toujours profitables.

En 1972, le bac en poche – quand même –, j'avais débarqué à Paris, prêt à tout pour être publié. N'étant pas attiré par les études, je voulais travailler, apprendre sur le terrain. J'étais, et je le suis toujours, convaincu que le journalisme ne s'enseigne pas à l'école. C'est un métier de culture générale certes, mais aussi de culture de la vie, de curiosité, de rencontre, d'ouverture au monde, à tous les mondes. Même si j'ai fini par entreprendre des études supérieures, ce n'était au départ ni par passion ni par obligation. Seulement pour prouver qu'au fond je n'étais pas le crétin que l'école avait voulu faire croire à mes parents, qui l'avaient cru.

Je m'en souviens encore. Une première expérience inoubliable. Nous étions fin mars, dans le métro, station Étoile, terminus de la ligne 6. Un premier rendez-vous d'embauche dans la presse me mettait en joie. Ma stratégie était la bonne, puisque sans être passé par une école, j'allais pouvoir écrire, gagner ma vie. À cette heure matinale, le quai était déjà bondé. Tout ce que les Parisiens subissent quotidiennement m'émerveillait. Ces voûtes habillées de céramique blanche qui reflétaient la lumière tremblante des néons. Cette affiche pour le St-Raphaël Quinquina rouge qui apportait sa touche de couleur. Je me pressais. La foule s'éparpillait entre les innombrables sorties. Mes pas finirent par résonner dans le dernier couloir. Tout au bout, un escalier s'élevait vers un coin de ciel bleu. Il aspirait l'air un peu plus frais à chaque marche. Le jour apparut enfin. J'aimais l'odeur de ce métro. Un mélange de graisse à bougie, de bois vernis fatigué, d'air confiné. La signature olfactive de ma capitale tant convoitée.

Le temps de reprendre mon souffle, l'agitation de la rue stimulait mon enthousiasme. Je m'acclimatais bien à cette vie trépidante, loin de mon pays minier natal du Pas-de-Calais.

J'avais rendez-vous au 93 de la rue Lauriston, pas très loin de l'avenue des Champs-Élysées. J'y avais trouvé un job de *rewriter* dans ce lieu qui fut le siège de la Gestapo française durant la Seconde Guerre mondiale. J'essayais de ne pas y penser en slalomant entre une concierge qui balayait son bout de trottoir et un livreur trop pressé. Dès que Paris s'éveille, Paris s'agite.

Très tôt, j'avais imaginé que, pour percer dans le métier de journaliste, il fallait venir dans la capitale, jouer dans la cour des grands. Être là où tous les pouvoirs, les plus belles histoires et les grandes destinées se concentrent. Je savais que dans cette foule qui vous dilue dans l'anonymat, on croise toujours plus fort que soi, plus beau, plus fortuné, plus intelligent, mieux placé, mieux né. On regarde sans fin vers le haut, sans jamais pouvoir se croire arrivé. Le défi était grand. J'étais prêt à le relever.

Dans mon journal de faits divers, la pige était plutôt bien payée. C'était l'une de mes motivations. Par principe, mon nom n'apparaîtrait nulle part. Un sérieux bémol à l'ambition d'écrire. Mais j'étais à Paris. C'était déjà une belle promotion.

À l'époque, j'habitais dans le 13e arrondissement. Un appartement minuscule au-dessus d'un garage au détour du passage Trubert-Bellier. Un quartier populaire et vivant, proche de la Butte-aux-Cailles. Le passage débouchait dans la rue Charles-Fourier. Quand on le remontait, on arrivait juste en face de la Mie de pain, une association caritative fréquentée par des SDF qui venaient là pour trouver un repas, une douche et un toit pour la nuit. Ils s'agglutinaient sur le trottoir dès le début de l'après-midi, en attendant l'ouverture de la porte à 17 heures. Certains, ivres, gesticulaient bruyamment. D'autres, en tenue de ville défraîchie, n'avaient sans doute jamais imaginé tomber si bas. Ils ressassaient leurs échecs et leur solitude, la tête basse. Un triste spectacle, inconnu à la campagne. L'illustration d'une ville passionnante où le pire et le meilleur se côtoient, où la suffisance des uns croise sans s'émouvoir la détresse des autres. À Paris, la foule est égoïstement pressée. Elle marche la tête droite, le regard lointain. Un sourire pourrait être équivoque. Pour les Parisiens de souche, cette froideur qui vient de l'anonymat est un gage d'indépendance et de liberté. Pas de rideaux qu'on écarte derrière la fenêtre pour observer l'autre comme au village. Pas de curiosité gratuite et malsaine. C'est bon, la liberté. En revanche, l'anonymat, c'est n'être plus personne. Là encore, il allait falloir s'y faire. Je découvrais une société multiple, grouillante, fébrile, mais indifférente aux autres.

Je me sentais pourtant bien dans ce quartier populaire, au milieu des ateliers d'artisans, des petits commerces et des bistrots où chacun parlait fort pour couvrir de ses idées toutes faites les vérités des autres. Il y avait là comme un petit air de province. Un client perché sur un tabouret refaisait le monde accoudé au comptoir, tandis que les autres en salopette bleue s'esclaffaient debout, un petit noir ou un verre de chablis à la main.

La proximité de la rue Charles-Fourier évoquait aussi pour moi ce philosophe utopiste grâce à qui j'avais échappé à la tyrannie du marxisme issue de Mai 68. Sa théorie de l'amour et ses phalanstères dédiés à la vie harmonieuse avaient tout pour nourrir mon romantisme, mon besoin de rêve et d'émancipation. Je n'ai jamais oublié sa phrase visionnaire : « Les progrès sociaux s'opèrent en raison des progrès des femmes vers la liberté et les décadences d'ordre social en raison du décroissement de la liberté des femmes. » Parler ainsi des femmes au XIXe siècle avait tout pour me séduire et m'éloigner à jamais de la rue Lauriston, où je n'aurais peut-être jamais dû mettre les pieds.

Ce qu'on me demandait d'écrire dans ce journal où je venais de débarquer n'était pas franchement fouriériste. Les femmes étaient considérées au mieux comme des objets de désir, au pire comme des êtres pervers enfermés dans des histoires sordides. « Elle livre sa belle-sœur à son mari », « Elle se donne à son amant devant son mari aveugle » : deux exemples de Unes du magazine *Détective*, un des plus gros tirages de la presse depuis son lancement en 1928.

À l'époque, les éditions Gallimard qui l'avaient créé s'intéressaient aux faits divers avec une certaine ambition littéraire. On m'avait dit à mon arrivée que Joseph Kessel en personne, mais aussi George Simenon, Jean Cocteau,

Paul Morand, Pierre Mac Orland avaient écrit dans ses pages.

Détective était alors spécialisé dans les affaires qui faisaient les feuilletons à succès de l'époque, comme le portrait des sœurs Papin, deux bonnes qui avaient assassiné leur patronne en 1933 au Mans, ou le procès de Violette Nozière, cette parricide condamnée à mort en 1934 et réhabilitée en 1963. Une des plus célèbres affaires criminelles que les journaux avaient élevée au rang de fait de société. Quarante-quatre ans plus tard, je ne trouvais pas la trace de cette ambition sociale et littéraire.

Au 93 de la rue Lauriston, il régnait au contraire une atmosphère pesante et enfumée, comme si l'air n'avait pas été renouvelé depuis la guerre. Derrière la porte d'entrée, un couloir menait à la salle des *rewriters*. Pas de fenêtre. Sur la table carrée, trois ou quatre machines à écrire Remington bleues. Les mêmes que dans toutes les salles de rédaction. L'éclairage des seules lampes de bureau donnait à chacun une mine patibulaire. La feuille de papier déjà engagée dans le cylindre était un appel à trouver vite et bien les mots qui allaient émoustiller le lecteur ou lui faire peur.

Je n'avais pas été engagé que pour écrire des faits divers. Quelques-uns au début pour me tester et m'entraîner, c'est tout, puis pour écrire un feuilleton dont le personnage central était un Don Juan milliardaire, condamné à court terme par la maladie. *Les playboys meurent seuls*. Pour être embauché à la pige (payé à l'article), j'avais dû envoyer quelques écrits personnels dont l'histoire d'un amour platonique écrite pendant mes cours d'allemand. C'était l'histoire d'un amour impossible dans laquelle l'homme faisait souffrir la femme qui l'aimait et qu'il n'aimait pas. Sur le principe j'étais, sans le savoir, au cœur de la ligne éditoriale. Un homme fait souffrir une femme. Du pur *Détective !*

Le calibrage était immuable : un épisode par semaine, sept scènes par épisode. Dans la première, pour que le personnage central existe en chair et en os, il devait exercer tous ses sens avec précision. Un jour par exemple, dès la première ligne…

> « Dan Miller aperçut le ciel bleu par la baie vitrée de la chambre. Dans l'entrebâillement, il entendit sonner la cloche de l'église. Il était six heures. Un filet d'air pénétra dans la pièce. Il apportait dans son sillage toutes les senteurs de la Toscane. Dan semblait abattu. Sa main glissa sur la peau douce d'Irina, sa conquête d'un soir. Elle dormait encore. Les draps de soie blanche étaient en désordre. Il s'assit sur le rebord du lit. La femme de chambre était passée lui livrer sur un plateau en argent finement ciselé une tasse en porcelaine encore fumante. Dan Miller reconnut aussitôt le parfum subtil du cru Arabica d'Éthiopie. Son café préféré. La couronne de mousse brune qu'il fit tourner machinalement l'entraîna dans le tourbillon de ses pensées. Il le dégusta en silence. »

La vue, l'ouïe, l'odorat, le toucher et le goût. Mon personnage était bien réel. Cette leçon d'écriture m'aidera souvent par la suite.

La deuxième scène était obligatoirement un flash-back.

> « Hier en arrivant dans ce palace de Florence, Dan Miller avait la mine défaite. Il venait de recevoir une nouvelle qui le bouleversait. »

Il faut bien l'avouer, la technique était redoutablement efficace. Mais qui dit play-boy dit aventures amoureuses. Jusqu'où pouvais-je aller dans la description des scènes un peu chaudes ? La règle était claire : de l'érotisme, jamais de pornographie. Toujours savoir s'arrêter à temps :

> « Faire glisser avec délicatesse la petite culotte de soie sur les jambes longues et fines de la belle Irina dans la pénombre des volets, le souffle du désir à peine couvert par les bruits de la rue. »

Stop !

Suggérer plutôt que montrer et faire en sorte que la jeune pin-up, nouvelle à chaque numéro pour satisfaire les besoins insatiables de mon play-boy corresponde à l'action, au lieu et à la scène. Je devais respecter l'ordre d'un catalogue de photos suggestives acheté à l'étranger. Les blondes à forte poitrine étaient largement majoritaires. Il était parfois difficile de s'adapter. Je me souviens qu'après avoir emmené mon héros dans une réserve en Tanzanie, je me suis aperçu que la photo de la semaine était celle d'une parfaite Suédoise. Dans ce cas, ni une ni deux, il reprenait l'avion pour Stockholm. J'avais aussi recensé dans un carnet toutes les expressions les plus érotiques pour décrire les prémices amoureux en renouvelant le genre autant que possible, varier les plaisirs, si j'ose dire. *MeToo* n'était pas encore passé par là. On en était même très, très loin.

Chez *Détective*, tout le monde fumait en silence. J'étouffais.

Dans le brouillard des cigarettes, on entendait le claquement des caractères lancés avec plus ou moins de conviction sur le ruban encreur des machines à écrire. Après quelques rafales, le chariot retournait à sa place, au rythme des idées qui naissaient, ponctué par le tintement d'une clochette. La cadence s'accélérait ou ralentissait au gré de l'inspiration de mes deux camarades concentrés sur leurs histoires respectives.

Il y avait d'abord cette jeune et jolie brune, la trentaine. Son épaisse chevelure en désordre lui donnait un air libre et déluré, qui cadrait mal avec l'atmosphère oppressante, ringarde et misogyne qui régnait dans cette rédaction. Elle me l'avait dit tout de go la première fois qu'on s'était vus : « Je fais ça pour le fric, et pour élever mon fils. Mon vrai métier, c'est dessinatrice, mais il n'y a pas de travail en ce moment. »

L'homme, la quarantaine, était, lui, un vieux briscard du style *Détective*. Il tapait tellement vite sur le clavier, avec seulement deux doigts, qu'il donnait l'impression de ne plus réfléchir à ce qu'il écrivait. Les deux étaient sympathiques. Ils m'aidaient quand je séchais sur un mot, une phrase, une expression. Un *Larousse* traînait toujours parmi nous avec un dictionnaire des synonymes. Je conserverai à vie cette habitude. Seul l'outil a changé. Aujourd'hui, le gros dictionnaire tient tout entier dans mon Smartphone, plus pratique quand même.

Sous les yeux des deux rewriters, quelques feuillets contenaient les éléments d'enquête fournis par les reporteurs. La plupart avaient été récupérés grâce à un stratagème de papier à double interligne. Quand le témoignage avait été recueilli et signé, il suffisait alors de le compléter dans l'espace laissé vierge. C'est ce que l'un des Rouletabille du journal m'avait confié, tout fier de sa technique. Je n'ai jamais eu la preuve que cela était vrai.

Non loin de la table des *rewriters*, le rédacteur en chef veillait au grain. Corne. C'est ainsi que tout le monde le surnommait. La cinquantaine, sec, nerveux, il tournait sans cesse, comme un lion en cage, autour de son bureau, écrasant au passage son énième mégot dans un cendrier plein à ras bord dès 10 heures du matin. Tout était gris chez cet homme, ses cheveux, son pull miteux, sa voix, son teint, sa vie. Je ne parle pas de ses poumons. Ils avaient sans doute viré au noir depuis longtemps. Je me disais que si tous les rédacteurs en chef étaient comme lui, je n'étais peut-être pas fait pour ce métier. Ses commentaires étaient sans appel et toujours exprimés avec beaucoup de finesse : « C'est de la merde, ce que tu écris ! » « Ton mec, il a pas de couilles ! »

Pour lui, le plus gros défaut d'un journaliste était la sensibilité. Dans sa tête, tout était enfermé dans des cases : les hommes étaient obligatoirement machos, les femmes obligatoirement soumises. L'homme désirait, la femme s'exécutait, bienheureuse d'être désirée par un être exceptionnel. Corne était persuadé, comme Albert Willemetz, le père de l'opérette moderne, que « c'est souvent avec une femme idiote qu'on vit en bonne intelligence ». Je l'avais entendu dire cela en grimaçant un sourire sadique. Mon regard assassin ne lui avait pas échappé. Il m'observait du coin de l'œil, méfiant. J'avais déjà essuyé quelques remarques désagréables de sa part. J'avais pris cela pour de la mauvaise humeur. Ce jour-là, il avait l'air franchement hostile.

« Legros, tu viens me voir. »

À peine étais-je à sa hauteur, qu'il ralluma une cigarette, inhala longuement la fumée, comme pour jouir du suspense. Puis il se lança, en expirant une bouffée dans ma direction.

« Tu ne fumes pas, toi…

– Non, je n'ai pas ce défaut. »

Mon arrogance le choquait.

« Alors parlons de tes qualités. Tu es féministe ou quoi ? Tu as un problème avec les hommes ? »

La question pouvait surprendre. Elle ne m'étonnait pas.

« Aucun problème. Pourquoi ?

– Tu écris tout à l'envers ! Je t'explique : Dan Miller, c'est toi qui l'as inventé. Tu sais qu'il est milliardaire. Ce n'est pas un mec quelconque dans la rue. C'est un play-boy. Tu peux donc imaginer que personne ne lui résiste, tu comprends, surtout pas une jolie femme flattée qu'il traverse son existence. Elle est automatiquement sous le charme. Il a tout : la puissance, l'argent, la notoriété. Il n'a pas besoin de courtiser qui que ce soit. C'est ridicule. Tu en fais un faible. Elles sont là à minauder, à se faire prier. Merde ! C'est dingue que tu ne comprennes pas qu'il n'a qu'à claquer des doigts pour qu'elles arrivent toutes en courant dans son lit. Ça n'est pourtant pas compliqué. Ça fait au moins sept épisodes que tu fais de ton héros une midinette que les femmes mènent par le bout du nez. Nos lecteurs veulent que les choses soient à leur place. Nos lectrices aussi. Surtout elles, d'ailleurs. Je vais demander qu'on réécrive pour toi. »

Un long silence nous sépara. Je n'avais rien à ajouter, pas même l'envie de me défendre.

« Ce job n'est pas pour toi. Tu devrais aller piger chez *Marie Claire*. Là-bas tu en auras, des femmes, à mettre sur un piédestal. »

Tout était dit. Le désaveu était cinglant. Je compris que l'aventure *Détective* s'arrêtait là. Curieusement, cela me soulageait. J'avais négligé les fondamentaux. Ici les personnages n'avaient pas droit à l'élégance. J'avais trop idéalisé mon héros jusqu'à en faire un homme attentionné, galant, délicat. Au fond de moi, je prenais conscience que rien n'aurait pu nous rapprocher, Corne et moi. Trop caricatural, trop enfermé dans ses idées toutes faites et d'un autre âge, même pour l'époque.

J'ai donc laissé sans regret mon Dan Miller à ses conquêtes, ses pin-up à leur catalogue, mes scènes érotiques à leur niaiserie. J'ai ramassé mes quelques affaires, repris mon stylo fétiche. Mes deux collègues n'ont pas été étonnés de me voir partir aussi vite. Je n'avais pas le style de la maison. « Tu sais, quelque part, on t'envie de quitter ce bagne. J'espère que tu retrouveras vite ! » Et d'ajouter : Nous faut bien qu'on bouffe, non ! »

Direction la rue. Le printemps venait tout juste d'arriver. L'air était déjà empli de la verdeur des bourgeons qui naissaient tout juste. Le Don Juan milliardaire Dan Miller aurait probablement senti avec emphase la vivifiante caresse du souffle frais sur son visage toujours bronzé et rasé de près. Moi, je le respirais tout simplement. La lumière avait déjà perdu de sa pâleur. Je goûtais avec bonheur la richesse de ma liberté d'esprit retrouvée. *Marie Claire* attendra. Dans chaque expérience, même avortée, il y a du positif comme cette technique d'écriture. J'aurais aussi appris que dans le journalisme, il y a le meilleur, mais aussi le pire.

D'un extrême à l'autre

« Des articles de politique étrangère ? Oui, ça m'intéresse. Je ne sais pas si j'en serai capable. On peut toujours essayer. »

Celui qui m'avait fait cette suggestion s'appelle Fabrice Ulmann. Il avait repris *La Tribune des Nations*, l'hebdomadaire créé par son père André, décédé deux ans plus tôt. Les bureaux étaient au 150 avenue des Champs-Élysées. Deux petites pièces étriquées donnant sur cour. Fabrice vivait dans l'ombre de ce père ancien déporté et grand résistant. En 1944, par son courage, il avait sauvé la vie de nombreux hommes de toutes nationalités. Humaniste de gauche, comme il se définissait, intellectuel progressiste comme certains le qualifiaient, on l'avait toujours suspecté d'entretenir des liens secrets avec l'Union soviétique, sans que rien soit prouvé. Il était, c'est sûr, proche du Parti communiste français. Son fils aussi. Fabrice travaillait au journal *L'Humanité*. C'est là, à *L'Huma*, au 6 boulevard Poissonnière, que je l'avais retrouvé avant qu'il m'entraîne dans la brève aventure de la *Tribune des Nations*.

À *Détective*, personne ne signait ses papiers. Fabrice m'offrait une signature dans une publication vendue chez les marchands de journaux. Jolie promotion. Les sujets étaient ardus et la copie à rendre interminablement longue : « Le droit des canaux internationaux », « Le coup d'État au Ghana. » Une actualité dont on parlait peu dans les autres journaux. Je devais m'accrocher, quitte à passer des nuits blanches et mes journées au service de documentation de *L'Express*, avenue Hoche, le meilleur de la place de Paris. Internet n'existait pas, les ordinateurs non plus.

Pour être tout à fait précis, ce n'est pas pour mon talent que Fabrice Ulmann m'avait recruté. Il était un peu de la famille : c'était l'ex-mari d'une petite-cousine, j'avais assisté adolescent à son mariage en grande pompe à la maison de l'Amérique latine, boulevard Saint-Germain. Ce soir-là, j'avais croisé Geneviève Taboui, la célèbre éditorialiste de France Inter qui commençait toujours ses chroniques du dimanche matin par « J'ai appris… ». Elle était d'une sophistication absolue, tout de mauve vêtue, très courtisée par les autres convives, journalistes ou diplomates pour la plupart. Chacun espérait sans doute faire l'objet de sa prochaine chronique plus mondaine que politique. La gauche caviar dans toute sa splendeur. Avec Fabrice, on se connaissait donc, mais rien ne l'obligeait à m'ouvrir sa porte, d'autant que le mariage n'avait pas tenu et que je n'étais plus rien pour lui.

C'est ainsi que je suis passé, presque du jour au lendemain, de la description de scènes érotiques pour *Détective* à l'analyse de situations diplomatiques pour *La Tribune des Nations*. L'objectif pour Fabrice n'était pas tant de vendre son journal que de se situer parmi l'élite du journalisme intellectuel le plus à gauche.

Parmi tous les sujets les plus ardus que j'ai eu à traiter, je me souviens d'un coup de cœur. C'était en juin 1972. Je cherchais dans l'actualité une idée qui pouvait déboucher sur un papier un peu plus intéressant. Je tombais sur un article du *Monde* consacré à la première conférence internationale sur l'environnement qui se tenait depuis le début du mois à Stockholm sous l'égide de l'ONU. Ce n'était certes pas la prestigieuse ni énigmatique diplomatie que les grands journalistes affectionnaient, avec un rien de snobisme. Pour eux, l'environnement était une idéologie improbable réservée à quelques soixante-huitards. À l'époque, on ne parlait ni de recyclage, ni de pesticides, ni de réchauffement climatique. Cette conférence réunissait tout de même cent treize pays et de nombreuses organisations non gouvernementales. Je découvrais qu'elle mettait en lumière la responsabilité de l'homme envers les générations futures et qu'un sommet de la terre se tiendrait tous les dix ans. Pour moi, c'était une révolution. Je n'en mesurais pas toute la portée, mais je comprenais que, pour une fois, elle n'avait rien de violent et qu'elle pourrait probablement sauver des vies.

Fabrice me donna son accord. Je compris à son regard amusé qu'il fallait bien que jeunesse se passe. Il n'aimait pas qu'on sorte de la logique est-ouest. Logique tout intellectuelle vue des Champs-Élysées. Le monde capitaliste déclinant d'un côté, le monde communiste si prometteur de l'autre. Une analyse que je ne partageais pas. Pour moi, à Stockholm, on portait enfin un regard sur l'avenir au lieu de touiller éternellement la guerre froide, son idéologie et sa logique destructrice. Sortir enfin de l'équilibre de la terreur pour chercher l'équilibre de l'espoir. À 20 ans, c'est enthousiasmant. Être à l'affût des évolutions de la société plutôt que camper sur des idées toutes faites. Une autre leçon à ne jamais oublier quand on ambitionne d'être journaliste.

Le jour de la sortie de mon article, j'ai acheté dix exemplaires du journal pour les offrir à mon entourage. Grâce à moi, le numéro a été épuisé en moins d'une heure dans tous les kiosques des Champs-Élysées ! Il est vrai qu'ils n'étaient dépositaires que d'un ou deux exemplaires chacun… Un « papier » imaginé par moi, signé par moi. Un grand moment de fierté.

La radio enfin

J'aimais écrire, mais mon rêve, celui qui m'avait poussé à venir à Paris, c'était la radio. Mes parents étaient branchés du matin au soir sur Radio Luxembourg. Je me souviens qu'au petit déjeuner, avant de partir à l'école, on devait écouter religieusement Pierre Bonte, un homme du Nord. Un jour, il était passé avec son micro dans mon village : « Bonjour monsieur le maire ». Une interview quotidienne très courte qui mettait en avant une ville ou le plus souvent un village à travers son édile. Ce fut un évènement, que dis-je, la consécration ! On n'avait parlé que de cela pendant des semaines. D'un coup, d'un seul, monsieur le maire était devenu magnétique. Presque une star. À partir de cet exemple, le pouvoir de la radio sur le public me fit respirer un air frais, excitant, tellement éloigné de l'atmosphère confinée de l'école. Sentiment qui ne me quittera plus. Sans en connaître toutes les ficelles, j'imaginais quelle devait être la jouissance de pouvoir faire parler, de recueillir des confidences, d'entrer dans l'univers d'une personne, avec bienveillance. Être deux devant des milliers ou des millions d'autres est un exercice difficile, je l'apprendrai plus tard, mais passionnant, qui « nourrit » sa propre personnalité.

Plus tard, devenu adolescent, pendant que mes parents continuaient religieusement à écouter Radio Luxembourg, moi, j'étais fan de Julie, la nouvelle voix d'Europe n° 1. Je n'avais pas oublié les directs de Julien Besançon dans les rues de Paris, au milieu des affrontements de Mai 68. J'étais rivé au transistor. Les échauffourées du Quartier latin devaient nous inciter à faire de même en province, toutes proportions gardées. Sur Europe n° 1, les journalistes étaient derrière le micro. Le ton était direct. Finies les actualités déclamées de façon théâtrale. Côté musique, Europe était dans la lignée de Radio Caroline, la station pirate *offshore* qui émettait d'un bateau dans les eaux internationales de la mer du Nord, au large du Royaume-Uni. Un souffle de liberté bienvenu. J'adorais écouter *Queen*, les *Bee Gees*, *Earth, Wind & Fire*. Tous ces sons de guitare et de synthétiseurs venus d'Angleterre et d'Amérique. Comme pour beaucoup de jeunes gens de ma génération, Europe n° 1 était mon univers, *Salut les copains*, mon identité.

Une fois arrivé à Paris, une seule question me taraudait : Comment profiter d'être dans la capitale pour pousser la porte d'une institution comme Europe n° 1 ? Dans les années soixante-dix, quatre-vingts, de tous ceux que j'admirais à la radio comme à la télévision, François Chalais était mon préféré. Son ton, sa voix, son écriture, sa classe faisaient de lui mon modèle de journaliste à la fois critique de cinéma, éditorialiste et interviewer de talent. Plusieurs fois, j'avais rôdé rue François-Ier devant le siège de la radio, en espérant le croiser. C'était ma technique : forcer le hasard, l'air de rien ! J'avais approché Marie Laforêt, Serge Gainsbourg, Stone et Charden, mais pas François Chalais, qui participait pourtant chaque soir à l'émission *La nuit est à nous* de Christian Barbier.

Après avoir connu les aventures ou mésaventures à *Détective* et à *La tribune des nations*, ma décision était prise : je ferais de la radio. C'est alors que me vint une idée saugrenue et culottée. Je me mis à feuilleter l'annuaire parisien du téléphone. Celui des particuliers. Sait-on jamais ! Je n'avais aucune chance, mais qui ne risque rien n'a rien. Je m'arrêtai à la lettre C, Ch, Cha, Chalais, François. 16, rue de l'Assomption, Paris. Je notais soigneusement les huit chiffres à composer sur le cadran à trous. Un homonyme sans doute. À la troisième sonnerie, la personne décrocha. « Allô, je suis bien chez Monsieur François Chalais ? »

Un simple oui, et je reconnus cette voix inimitable. J'étais en ligne avec François Chalais, le vrai, celui que je voulais absolument rencontrer. J'en tremble encore. Il fallait que je sois convaincant, que je m'exprime en futur journaliste et pas en membre du fan-club. Ce n'était pas son style ni le mien. Après une tentative d'explication plus ou moins vaseuse, François Chalais m'interrompit : « Venez ce soir au 26 bis, 22 heures. Vous assisterez à l'émission. Je donnerai votre nom à l'accueil. À ce soir. »

Il ne savait pas qui j'étais, seulement que je voulais devenir journaliste et faire de la radio. Il aurait pu se méfier, ou se dire qu'il avait mieux à faire que d'inviter un jeune inconnu. Je n'oublierai jamais cette générosité, qui me poussera plus tard à faire de même, en espérant rendre à d'autres ce que ce grand monsieur m'a donné ce jour-là.

À 22 heures, le soir même, j'attendais sur une banquette qu'on vienne me chercher à l'accueil d'Europe n° 1. De peur d'être en retard, j'étais arrivé très en avance. C'était la première fois que je pénétrais dans un temple des médias, à la source de toutes ces voix connues qui me fascinaient. Jusqu'à présent, j'étais noyé dans la foule des auditeurs. En un instant, je changeais de camp. Je passais du côté des acteurs. La chenille devenait papillon, au moins en rêve.

Dans la réalité, à chaque fois que j'avais évoqué mon envie d'être journaliste, qui plus est à Paris, on m'avait ri au nez. Mes copains d'école bien sûr, qu'on avait éduqués à ne pas avoir d'idéal. Mes parents, trop absents. Les enseignants briseurs de rêves, gardiens d'une idéologie égalitariste qu'on appelle l'école. Au pays minier, l'ambition s'est toujours appelée prétention. On n'allège pas si facilement le fardeau de ses origines. Vouloir échapper à son paysage relève du crime contre l'humilité. On ne s'en remet jamais complètement.

« Monsieur Legros ? »

La jeune hôtesse qui s'approchait portait sur elle toute la sophistication dont se parent ceux qui côtoient les gens importants et célèbres. Son visage fin et soigneusement maquillé n'aurait pas offert un aussi beau sourire dans un univers plus ordinaire. Elle était parfaite et parfaitement à sa place…

« Vous me suivez ? »

En l'accompagnant sans trop oser la regarder, j'imaginais les commentaires déplacés que j'aurais pu écrire dans la peau de Dan Miller, mon Don Juan de pacotille de *Détective*. Dans l'ascenseur, j'osai à peine prononcer un merci pour me détendre. Elle me lança un regard mi-complice mi-condescendant. Quelles que soient nos origines, nous n'étions pas du même monde. Elle était en place dans cette prestigieuse maison, moi pas.

Nous arrivâmes à l'étage. Mon cœur s'emballait. Derrière la porte du studio, j'entendis des voix et des rires. François Chalais m'accueillit. On l'avait prévenu de mon arrivée. Question de sécurité. Il me serra chaleureusement la main et se retourna vers les personnes présentes : « Jacques Legros, un futur confrère. »

Je reconnus Mireille Darc, sans doute invitée à venir parler d'un de ses films. Elle me gratifia d'un sourire. Christian Barbier, le casque sur les oreilles et le nez sur le micro, me fit un signe de bienvenue. Meï-Chan, l'épouse de François Chalais, superbe dans sa robe fuseau noire, s'approcha, avec toute sa délicatesse, un verre de champagne à la main. Je les connaissais tous. Personne ne me connaissait. Il y a cinq minutes encore, aucun d'eux ne savait que j'attendais de les rejoindre, ni pourquoi j'étais ici parmi eux. Ils m'ont adopté sans se poser de questions. La simplicité sera toujours la marque des grands. L'heure n'était plus à la timidité. Je devais faire preuve de naturel et d'une délicate assurance, sans en faire trop. Futur confrère ! C'était quand même aller un peu vite en besogne, monsieur Chalais. Mais après tout, pourquoi pas. Dans la régie, derrière la vitre, on m'observait avec amusement et bienveillance.

À l'invitation de François Chalais, je revins plusieurs soirs de suite. Europe n° 1 était devenue ma deuxième maison. À l'accueil, pas de contrôle. Bonjour, un sourire, un mot gentil, ça suffisait. Un visage reconnu faisait office de badge. C'était une autre époque. J'inspirais confiance. On pensait sans doute que j'étais embauché, ou stagiaire.

Je m'étais bien gardé de démentir. Le culot n'est pas le talent, mais ça aide.

La rue François-Ier était au cœur du triangle d'or du luxe entre l'avenue Montaigne, l'avenue Georges-V et les Champs-Élysées. J'aimais dire qu'ici, l'argent n'avait pas de valeur. Il arrivait souvent que, sur un portant placé à l'entrée du studio, les maisons de haute couture offrent plusieurs de leurs créations au public qui repartait émerveillé. On l'aurait été à moins ! Joli souvenir, agrémenté de celui du petit Martini rouge ou blanc que le barman servait à la demande, tout au long de l'après-midi derrière le bar du même nom. La notion de modération et son slogan « bonne conscience » n'avaient pas encore été inventés !

En studio, je ne faisais pas que rencontrer des vedettes, j'apprenais mon futur métier en observant les dialogues entre l'animateur, ses invités et la régie. Les signes pour ouvrir ou fermer le micro, lancer un disque, parler sur l'introduction sans jamais « marcher » sur les paroles – question de feeling. Et surtout, j'essayais de me rendre utile sans qu'on me le demande. Aller chercher un invité, faire le café, ne jamais être passif. Ne jamais considérer que ce n'est pas à moi de le faire. Ne jamais en faire trop non plus. Toujours trouver le juste équilibre. Être présent sans être pesant. La meilleure façon de durer. Encore une autre leçon.

« Il faut que tu t'inscrives en fac de droit. C'est une bonne formation pour un journaliste. »

Jacques Paoli était affirmatif. Lui-même possédait un doctorat. Il était l'une des grandes voix d'Europe n° 1. À force de traîner mes guêtres au 26 bis de la rue François-Ier, j'avais fini par le croiser. Il venait de lancer une émission fleuve l'après-midi, en direct et en public, dans l'immense studio Pyramide juste à côté du bar Martini. Après m'être incrusté dans *La nuit est à nous*, j'avais la ferme intention de me faire une place dans les équipes de *Carré bleu*, le joli nom de l'émission.

Contrairement à la tradition, le public prenait part au spectacle. Il était disposé autour de plusieurs tables rondes et Jacques Paoli allait de l'une à l'autre avec son micro et ses invités. La formule s'inspirait en partie du *Grand Échiquier* que venait de lancer Jacques Chancel sur la Première chaîne, ou encore d'*Âge tendre et tête de bois* d'Albert Raisner. L'animateur était en immersion. Les spectateurs pouvaient intervenir. Dommage qu'il n'y ait pas eu de caméras ! J'imagine que *Carré bleu* aurait pu faire une belle émission de télévision. Les Anglais appelaient cela un talk-show. On aurait pu parler d'info-divertissement. Dans mon esprit, la frontière entre radio et télévision n'existait déjà plus. Celle entre information et divertissement à base d'information était en train de s'estomper. Deux faces d'un même métier.

Pour Jacques Paoli, le *Carré bleu* était un marathon. Chaque jour, pendant cinq heures, il tenait l'antenne en direct, sans donner le moindre signe de fatigue. Toutes les heures, au carillon, un journaliste venait, très sûr de lui, présenter le flash horaire. C'était Jean-Claude Dassier, avec ses grandes lunettes à monture Ray-Ban. Chacun se taisait et écoutait religieusement les infos. C'était sérieux. Je l'observais à chaque fois avec envie. J'aimais sa voix et son ton vaguement détaché. Pour lui, cela semblait être facile, la routine. On se retrouvera des années plus tard, à deux reprises et dans des circonstances beaucoup moins sympathiques.

Un jour, Jacques me donna la pochette du 45 tours qui venait de passer à l'antenne. « J'ai encore rêvé d'elle ». Le tube du groupe *Il était une fois*. « Elle t'a plu », me dit-il l'air lutin. Il ne parlait pas de la chanson. Il est vrai que la chanteuse Joëlle m'avait bouleversé par sa fragile beauté et sa voix. J'adorais aussi la chanson qui allait devenir un tube. J'avais donc entre les mains le disque que des centaines de milliers d'auditeurs avaient entendu. Devant moi, ses interprètes, et le sentiment troublant d'une belle rencontre. Difficile de ne pas avoir un comportement de fan, dans cet univers où le normal et l'exceptionnel se confondent au carrefour de l'admiration et de la notoriété. J'étais au bord de l'extase.

« Jacques, je peux vous poser une question ? Vous êtes journaliste ou animateur ? »

Je connaissais déjà la réponse.

« C'est idiot, ta question. C'est le même métier. Quand on aime la radio, on doit savoir tout faire. Être reporteur, présentateur, animateur. J'ai fait les trois. L'important est d'être professionnel. »

Une remarque à ne jamais oublier. L'antenne est un tout. Animateurs et journalistes la partagent sans hiérarchie, avec le même souci de professionnalisme. Autre affirmation qui me servira des années plus tard à la création de *Plein les yeux*, sur TF1.

« Tu as déjà fait du reportage ? me demanda Jacques.

– Non, jamais.

– Tu veux essayer ? Demain tu me trouves un petit sujet. Promis, je le passe. »

Quelle aventure ! Faire un reportage, quand on n'a pas de magnétophone professionnel, un micro à deux balles, et encore moins d'idées… J'étais confronté à la réalité du métier. Cette fois, il n'y avait plus de place pour le fantasme. Pas question de baisser les bras, par orgueil. Et puis, sait-on jamais ! C'est de cette façon que certains se sont fait remarquer. Encore fallait-il savoir faire. Et je ne savais pas. Après m'être laissé bercer par la hauteur de mon ambition, je mesurais avec lucidité la profondeur de mon incompétence.

La nuit blanche qui suivit ne me porta malheureusement pas conseil, jusqu'au petit matin où le souvenir de ce joueur d'orgue de Barbarie de la passerelle des Arts me revint à l'esprit. Une copine m'avait dit que c'était un personnage haut en couleurs ! Que pourrais-je lui demander, si ce n'est de jouer devant mon petit Philips à cassette ? Un peu limite, pour un reportage qui va passer sur Europe n° 1…

Me voici quand même sur la passerelle des Arts. Par chance, notre organiste était là, occupé à tourner la manivelle de sa boîte à musique, tout en observant du coin de l'œil et de l'oreille le tempo des cartons perforés qui se dépliaient d'un côté pour s'empiler de l'autre. Quelques pièces de monnaie traînaient dans un béret posé à ses pieds. Avec sa casquette de gavroche enfoncée sur la tête, il avait tout l'air d'une carte postale pour touristes en mal de clichés. Je m'arrêtai à sa hauteur, faisant mine de l'écouter. Il avait repéré mon micro. Ça l'interpellait visiblement.

Peut-être pensait-il que je l'enregistrais en cachette ? Il me dévisagea et s'interrompit avant la fin du morceau.

« Cha vous plaît ? »

Sans attendre la réponse, il montra du doigt le béret :

« Les gens n'ont plus le chou. Rien que des pièches jaunes, pas une cheule pièche blanche. »

Il s'exprimait avec un fort chuintement, qui allait bien avec le personnage. Je compris que l'orgue de Barbarie, aussi coloré soit-il, ses sonorités populaires et ses musiques nostalgiques n'étaient plus ce qu'aimaient les badauds, même sur le pont des Arts, le pont des amoureux, à Paris. Je tenais là mon sujet. Je retiendrai par la même occasion que, dans un reportage, il ne s'agit pas de tout dire, mais de choisir un angle, c'est-à-dire un aspect des choses sur lequel on se concentre. Cette autre leçon ne devait plus me quitter. Pourquoi les passants ne s'arrêtent-ils plus ? Y a-t-il moins de passage sur le pont des Arts ? Seulement des amoureux hors du monde et du temps ? Peut-être ferait-il davantage recette à Montmartre, où l'orgue de barbarie se fondrait dans l'ambiance folklorique de ce lieu hautement touristique.

Dès le lendemain, on entendit une figure du Paris éternel parler des « pièches » blanches et des « pièches » jaunes sur un air de java dans *Carré bleu*, sur Europe n° 1. Un premier reportage bourré de défauts, mais qui sonnait pour moi comme une consécration en trente secondes. Jacques Paoli savait que ce serait mauvais. Il avait quand même tenu sa promesse. Il m'avait cité et offert son coup de pouce, en sachant que le moteur le plus puissant dans une vie, ce sont les encouragements.

À l'école du découragement

Jacques Paoli m'avait donc conseillé de m'inscrire à la fac de droit. J'avais suivi son conseil et m'étais inscrit à Paris 1, Panthéon-Sorbonne. Sans intérêt, ennuyeux, mais prestigieux. Ma famille serait heureuse de voir que je rentrais enfin dans le moule. Malgré mon bac avec mention, ils en étaient restés au mauvais élève coupable de les avoir déshonorés en n'étant même pas capable d'être reçu au BEPC, le brevet des collèges. Une blessure d'amour-propre livrée au qu'en-dira-t-on du village.

Il est vrai que j'ai toujours vécu l'école comme un « divorce au premier regard ». Elle et moi, on ne s'aimait pas. À partir de la sixième, on n'a jamais pu vivre ensemble. Difficile, quand on a un père enseignant et une sœur aînée brillante. De passage en force en redoublements, d'exclusion en brevet raté, mon adolescence n'a pas été de tout repos... Personne n'a imaginé que je pouvais m'ennuyer et que c'était une souffrance d'être en permanence désigné comme le mauvais élève. Le cercle vicieux du découragement était savamment entretenu par les invectives des enseignants et l'accablement des parents.

Je n'oublierai jamais cette époque, vécue comme un drame permanent jusqu'à l'exécution finale, que je vais vous raconter pour dire à quel point l'école et ceux qui la représentent peuvent être assassins.

C'était en 1967. Premier redoublement de la classe de seconde. J'étais convoqué chez le proviseur du lycée d'Auchel où je venais d'effectuer un passage calamiteux. Mon père m'accompagnait. Ça n'arrivait jamais. Deux raisons à cela : l'école, c'est du sérieux et l'heure était grave. Il n'était pas très fier de devoir défendre mon dossier. On le comprend.

Nous avions été reçus par la toute nouvelle secrétaire du proviseur. Je la découvrais. Elle avait à peine la trentaine. Elle paraissait grande avec ses talons hauts. Ses yeux couleur océan reflétaient les néons du plafond comme de minuscules bouquets d'écume. Sa robe noire, serrée à la taille par une grosse ceinture rouge très mode, soulignait avec beaucoup d'élégance sa féminité. Avant de venir vers nous, elle avait pris un dossier sur la pile posée en équilibre sur un bureau métallique. Elle nous avait tendu la main avec beaucoup de fermeté. Sa poigne contrastait avec sa voix doucement posée. Déjà, la romance emportait mon esprit à des années-lumière de l'instant présent pourtant déterminant pour mon avenir.

« Bonjour, messieurs ! Je vais reprendre ses bulletins. »

Mon père lui conseilla avec un certain aplomb de ne pas s'en tenir aux notes, mais de considérer les appréciations des professeurs qui, soit dit en passant, n'étaient pas beaucoup plus engageantes. Elle parut ne pas entendre, alla se rasseoir pour mieux se concentrer sans doute. Elle commença à lire à voix basse, d'un ton monocorde, soulignant chaque mot :

« Brillant, mais paresseux en français. Absent à presque tous les cours en sport, évidemment. Élève attentif et doué.

C'est en travaux manuels… Dommage que ce ne soit pas partout le cas ! Vous voulez vraiment qu'il redouble en section scientifique ? » demanda-t-elle, inquiète.

Avec ses principes d'instituteur, mon père n'en démordait pas : le garçon finira par avoir son bac « maths », le seul qui offre des débouchés. Une idée fixe chez les enseignants pour qui les méandres d'un chemin heureux sont autant de temps perdu sur la ligne droite des études sérieuses, celle qu'on appelle la voie royale !

Je vis la jolie secrétaire faire la moue. Je pris naïvement cela pour une chance de la revoir. Ma seule motivation. Elle promit à mon père de plaider ma cause auprès de monsieur le proviseur.

Le jour de la rentrée qui suivit, la porte du lycée tardait à s'ouvrir. Cela dit, je n'étais pas pressé. Je savais que derrière ce rempart de chêne blond des anciens Magasins généraux des houillères, suintait une odeur de labeur et de résignation aussi tenace que l'odeur du charbon. Au pays minier, le travail est une vertu qui va jusqu'au sacrifice, qu'on se transmet de génération en génération, avec fierté, pour l'honneur d'être courageux. Je fixais mon regard sur l'embrasure. Le car de ramassage m'avait pris à 7 heures. Cela faisait déjà une heure que je poireautais, adossé aux grilles. Pour un 3 septembre, l'air était frisquet. Mes copains de l'an dernier passaient en première, ils viendraient à 10 heures avec les terminales. Je faisais ma rentrée en même temps que les troisièmes qui piaffaient d'impatience. Leur joie de vivre m'agaçait, ce jour de rentrée des classes forcément minable.

Je ressentais déjà un profond découragement, inspiré par cette porte desséchée, enrobée de moulures que les averses fréquentes ne parvenaient plus à décrasser.

Cette année de seconde bis se passa comme prévu, dans la souffrance et l'ennui, jusqu'à la remise des résultats, mauvais, comme on pouvait s'y attendre. Je ne passais toujours pas en première. Il fallait que je quitte l'établissement. Je connus ce jour-là la honte de ma vie, qui transforma mon peu d'intérêt pour l'école en hostilité tenace.

Toutes les secondes étaient rassemblées dans la salle polyvalente. Une bâtisse de briques rouges vide. À l'intérieur, des murs verdâtres défraichis à peine éclairés par quelques vasistas. Elle accueillait en fin d'année scolaire la litanie des notes et des avis qu'on distribue à la volée sans se soucier des têtes fragiles sur lesquelles elle retombe. Les professeurs étaient convoqués, au garde-à-vous devant le proviseur et son sbire de surveillant général, qu'on appelait Périscope à cause de sa petite tête posée sur un long cou et de son regard mauvais.

Quant à mes professeurs, la plupart n'avaient pas choisi leur poste. Pour eux, le pays minier, c'était la punition ou l'inexpérience. On ne leur avait pas appris à se méfier des certitudes qui sacrifient la passion de la question, autrement dit la curiosité, moteur de l'intelligence, à la pression de la réponse, comme l'écrit si justement la philosophe Laura Lange.

Le proviseur se plaça face à nous. J'étais, au fond, inquiet. Il aperçut vite mon mètre quatre-vingt-sept qui dépassait dans la foule.

« Legros, venez ici. »

Cet appel n'était pas bon signe. J'avais le souffle coupé, les jambes qui tremblaient. Il était capable de me frapper. Je m'approchai, livide.

« Montez sur l'estrade. »

Pas le choix, il fallait que je m'exécute. Il pointa son doigt vers moi et planta son regard dans la petite foule tétanisée.

« Voilà ce qui vous arrivera si vous faites comme lui. Pas de travail, des absences, des résultats catastrophiques et un redoublement qui ne lui a même pas servi de leçon. »

Au cœur du pays minier dont, en principe, on ne s'échappe pas, l'école est perçue par les familles comme le seul moyen de promotion sociale, la seule opportunité de passer de mineur pour le père à contremaître pour le fils. De ménagère pour la mère à employée pour la fille. Non, ce n'est pas du mépris de ma part. Pas pour ces familles qui ont fait confiance aux institutions pour espérer un meilleur avenir pour leurs enfants. C'est en revanche un insondable mépris pour ceux, pétris de certitudes, qui ont bloqué les ambitions de ces enfants en ne leur parlant pas de leurs capacités, en ne les incitant pas à aller voir ailleurs, à sortir de ce pays que je ne renie pas, mais qui vous tient en doux esclavage pour peu qu'on s'en satisfasse.

Le proviseur se retourna vers moi. J'étais rouge de honte. Je lisais dans son regard le plaisir d'humilier. Jamais je n'oublierai ses yeux durs derrière de fragiles lunettes, ses cheveux roux et sa veste pied-de-poule verte. Un monument d'arrogance qui se permettait parfois de venir gifler, à l'arrêt du bus scolaire, les amours adolescentes qui osaient se tenir par la main. Une scène à laquelle j'avais assisté et qui m'avait traumatisé.

« Vous savez qu'on ne peut pas vous garder ? »

Sous-entendu dans ce merveilleux établissement, refuge des enseignants novices et des punis venus du sud, comme

Kad Merad, le postier marseillais du film *Bienvenue chez les ch'tis*. Pour les enfants des corons, c'était bien suffisant. On n'était quand même pas avec l'élite parisienne du lycée Henri IV. Devant mon silence, il s'interrompit quelques secondes, interminables, avant de reprendre avec un sourire sadique :

« D'ailleurs, je n'en avais pas l'intention… »

On entendit quelques abrutis boutonneux s'esclaffer.

« Vous êtes un exemple à ne pas suivre pour vos camarades, c'est tout ce que j'ai à ajouter. Vous pouvez les rejoindre. Je ne donne pas cher de vous. »

J'étais devenu en quelques instants la curiosité de l'année, la risée des bons élèves pétris d'autosatisfaction. Probablement aussi le sujet de conversation le soir au souper dans les familles. « Quand on te dit de bien travailler ! Tu vois ce qui va t'arriver ! Tu vas finir comme lui ! »

J'ai retraversé la petite foule sans oser croiser un seul regard et repris ma place, K.-O. debout.

Un an plus tard, mai 1968 éclatait. J'étais heureux d'y participer, non pas pour changer le monde, mais pour réformer l'école qu'elle soit publique ou privée.

Quand l'histoire bascule enfin du bon côté

10 mai 1981. 20 heures. Le socialiste François Mitterrand est élu avec 51,76 % des voix contre 48,24 % au président sortant, Valéry Giscard d'Estaing. Des résultats que Jean-Pierre Elkabbach annonce avec Étienne Mougeotte à la télévision. La France n'avait pas connu d'alternance depuis vingt-trois ans. Le directeur de l'information d'Antenne 2 avait du mal à contenir son malaise. Un sourire, et on l'aurait accusé d'avoir retourné sa veste. La mine défaite, on lui aurait reproché de porter le deuil. Allait-il pouvoir conserver son poste ? Non, et il le savait. Je dirai un mot de cet odieux personnage un peu plus loin.

L'ambiance était très différente dans la rue, où la jeunesse laissait éclater sa joie. Les cris et les klaxons finissaient par couvrir la voix des politiques, qui se succédaient sur les plateaux de télévision, triomphants ou abattus.

J'avais voté Mitterrand, comme beaucoup de jeunes de mon âge, pour en sortir de cette France empesée et, le pensait-on à l'époque, réservée en partie aux fils de ! Faut-il rappeler que le ministère de l'Information qui contrôlait le contenu des journaux télévisés et parfois les imposait, avait été supprimé en 1968, puis rétabli en 1973 par Pierre Messmer, avant d'être définitivement abandonné en 1974, seulement sept ans avant l'accession au pouvoir de Mitterrand.

À l'époque, la jeunesse était majoritairement de gauche, si ce n'est communiste ou maoïste, en opposition aux parents traditionnellement conservateurs, même s'ils ne votaient pas à droite. Un grand classique qui se répète de génération en génération. Ne dit-on pas qu'il est difficile de ne pas être de gauche quand on est jeune, et impossible de ne pas être de droite quand on a compris et qu'on est plus âgé ! Pour moi, l'heure du changement avait-elle enfin sonné ? Chacun fera le bilan des deux septennats de l'ancien président. Je me garderais bien de donner mon opinion qui, de toute façon, n'a aucun intérêt, pour m'en tenir aux changements que cette élection a apporté au paysage audiovisuel.

Ce sont les décisions à suivre en cascade qui ont fait sauter la chape de plomb qui étouffait la liberté des médias. Une révolution pour toute une génération, et encore plus pour moi.

Six mois plus tard jour pour jour, le 9 novembre 1981, la loi autorisait les radios locales à émettre sur la bande FM. C'était la fin du monopole d'État sur les fréquences, la fin du brouillage systématique des antennes pirates. Venait le temps des radios libres.

Un an auparavant, Jacqueline Baudrier, qui présidait Radio France à l'époque, avait lancé trois radios locales expérimentales : Fréquence Nord à Lille, Radio Mayenne à Laval et Melun FM, ainsi que deux stations thématiques, Radio 7 pour les jeunes et Radio bleue pour les séniors. La preuve que Radio France était capable de gérer un réseau. Il suffisait de supprimer le monopole d'État et de le remplacer par la tutelle de la Haute Autorité de la communication audiovisuelle, l'ancêtre du CSA dont on a déjà parlé. La voie était ouverte.

C'est dans ce contexte politique tout nouveau et excitant que le réseau des radios locales de Radio France s'est construit sur le modèle des stations pionnières de Jacqueline Baudrier. Un an plus tard, mon heure serait-elle venue ? Facile à dire, quand on a renoncé depuis longtemps à ses rêves et qu'on a construit une famille. À qui s'adresser ? Comment faire ? Heureusement, à l'époque, faute de de courrier électronique, on répondait encore au téléphone et les standardistes n'avaient pas disparu.

« Allô ! Oui, bonjour. Pouvez-vous me passer la personne responsable des radios locales, s'il vous plaît, madame ?

– Ne quittez pas. Je vais voir s'il y a quelqu'un. Il est presque midi. »

On ne faisait déjà pas d'heures supplémentaires dans le service public. Par chance, quelqu'un décrocha, mais sans se présenter.

« Bonjour monsieur. Je me présente, Jacques Legros. J'aimerais savoir quelle station locale vous allez ouvrir prochainement.

– Pourquoi ? Vous êtes journaliste ?

– Oui, ça m'intéresse.

– Avignon… Dans trois mois… !

– C'est la seule ?

– Ensuite ce sera Nice, mais beaucoup plus tard. Si vous voulez, vous pouvez essayer de joindre son directeur, Jean-Pierre Auzeill, mais je crois qu'ils ont bouclé le recrutement… J'essaye de vous le passer. Ne quittez pas. Sinon, vous demandez au standard. »

Quelques minutes plus tard, j'étais en ligne avec Jean-Pierre Auzeill, qui m'expliqua qu'il ne lui manquait qu'un animateur pour la matinale, 5 heures-9 heures. Le *prime time* en radio. Il lui fallait quelqu'un d'expérience. Il ajoute : « Si vous avez déjà fait de l'animation à la radio, on peut se rencontrer.

– Oui, bien sûr.

– Vous travaillez dans quelle radio, en ce moment ?

– Je travaille... au service audiovisuel du ministère de la Défense. C'est depuis mon service militaire. »

En vérité, je travaillais à la documentation scientifique de la délégation à l'armement. Mis à part quelques commentaires de films techniques, je n'avais vu un micro qu'à Europe n° 1. Et c'était il y a longtemps. Curieuse situation, dans laquelle on sait qu'on n'a pas le droit de manquer la chance de sa vie, et l'incapacité de pouvoir tenter cette chance faute d'expérience. J'en garderai toute ma vie le souci de ne pas juger un candidat sur dossier, mais de l'entendre, de l'écouter, de le lancer dans le bain. Après, c'est à chacun de saisir sa chance, que j'appelle destin. On aura au moins essayé avant de juger, au lieu de juger avant d'avoir essayé. Ça ne fonctionne pas à tous les coups, mais au moins on ne passe pas à côté d'un talent à qui il ne manque que la confiance qu'on lui fait. Si ce jour-là, au téléphone, j'avais dit la vérité, le dossier se serait refermé avant même de s'être ouvert. Premier obstacle franchi. Le plus difficile n'allait pas tarder à venir.

« C'est urgent. On peut se voir avant la fin de la semaine ? Vous m'apporterez une cassette de vos émissions.

– Avant la fin de la semaine ? C'est un peu court... Il faut que je les retrouve...

– Indispensable ! »

Insister aurait semé le doute.

« D'accord. Merci. Rendez-vous dans deux jours… Avec les cassettes. »

Quand l'enjeu est crucial et qu'on atteint ce niveau de bluff, il faut être prêt à tout pour trouver une solution pas trop nulle. C'est là que tout ce qu'on a fait avant dans la vie, et que l'on croit souvent inutile, ne l'est pas. J'avais vu les professionnels de la radio travailler lors de mes nombreux passages rue François-Ier. Je les avais longuement observés. J'avais appris rien qu'en les regardant. À la DGA à Balard, j'avais su, d'instinct, à l'oreille, comment placer ma voix sur un commentaire. En faisant la synthèse des deux, je commençais à avoir une petite idée de la façon de faire devant un micro. Très bien. On peut enregistrer quelque chose, mais quoi ? Mon copain Gilles, qui était le responsable technique du service audiovisuel, n'en avait pas plus idée que moi.

« Tu penses qu'il faut un générique ? Tu as une idée ? lui demandais-je.

– Ça dépend de ton émission.

– C'est sûr, on ne va pas se lancer dans un journal ni une émission de débat ! »

Malgré ma fébrilité, on n'avait pas pu s'empêcher d'éclater de rire…

Pour le générique, j'avais ma petite idée en accord avec mes goûts musicaux.

« Moi, j'adore Santana, “Samba Pa Ti”. »

Mon copain Gilles n'eut pas l'air surpris.

Sa guitare te fait planer en trois notes. Ça chaloupe. C'est génial. Tu retiens l'air.

– Oui, mais c'est une musique qui colle avec un récit, pas une émission matinale.

Tu devrais raconter une histoire en prenant ta plus belle voix. C'est ce qu'il y a de plus simple à faire, avec des remontées musicales pendant les silences. "Samba Pa Ti" c'est top pour ça !

– O.K. Si tu crois que c'est bien. On fait comment maintenant ?

– Tu en écris une. »

Après mon passage à *Détective*, plus aucune histoire, belle ou glauque, ne pouvait m'effrayer. Pour pimenter l'affaire, il fallait ajouter une intrigue policière. Pourquoi pas ! Soyons fous !

« Qui pouvait en vouloir à la belle Manon au point de chercher à l'éliminer ? Voici l'étrange histoire de celle que ses nombreux amis surnommaient la femme fatale. »

Le tout sur fond de guitare de Santana, on en tremblait en l'enregistrant. Une femme somptueuse, un peu d'érotisme, une intrigue à deux balles, c'était le retour à la case *Détective*, dont les recettes allaient me servir à nouveau. Dans la vie, encore une fois, aucune expérience même avortée n'est inutile.

L'affaire allait-elle faire illusion ? Par chance, la directrice des programmes de la future Radio Vaucluse venait de France Culture. Les émissions un peu « perchées » ne lui faisaient pas peur. Elle avait été subjuguée par mon ton et ma voix. Quant au directeur, Jean-Pierre Auzeill, mon parcours universitaire l'avait intrigué, tout en l'inquiétant. Pour ce qui est de la radio locale populaire et de la matinale façon *Jeu et chansons*, ce n'était pas gagné.

Sauter dans l'onde sans savoir nager

Mardi 29 juin 1982, 4 h 59 du matin. Studio de Radio France Vaucluse place de La Pignotte en plein centre d'Avignon. J'avais finalement été embauché à Vaucluse comme on disait dans le milieu des locales en CDD pour trois mois, après avoir lâché un CDI au ministère de la Défense et laissé ma famille à Paris. J'entends encore mes anciens collègues crier au fou. Dans moins d'une minute, j'allais réaliser mon rêve. Mais à quel prix ? Personne pour m'aider, pas de bouée de sauvetage et surtout beaucoup de témoins pour constater que je découvrais sur le tas et sur le tard un métier, sans posséder aucune expérience. Je n'oublierai jamais les points rouges de la pendule qui s'additionnaient seconde après seconde jusqu'à cinq heures pile.

Derrière la vitre, les patrons, tout spécialement venus de Paris, faisaient nerveusement les cent pas. C'est à moi qu'on avait confié la première tranche du matin. Donc chaque jour, j'allais ouvrir l'antenne et ce jour-là je l'ouvrais pour la première fois. C.Q.F.D. Une montée d'adrénaline qu'on n'oublie jamais. J'avais écrit le conducteur de l'émission avec le minimum d'information et le nom des plages musicales. Le journaliste Hubert Huertas viendrait présenter les journaux à l'heure et à la demie. Derrière la vitre, en régie, Denis n'en menait pas large lui non plus, mais il arrivait de Radio France. Il connaissait le métier.

Pour ne pas flancher, j'avais écrit ma première intervention. L'instant le plus difficile. Sourire crispé, voix de castrat bloquée dans la gorge par le stress. Mains moites. Un grand moment de solitude, mais une fois les présentations faites, je commençai à me piquer au jeu, à trouver les mots, le ton, à ressentir une certaine aisance et surtout du plaisir. Une leçon essentielle, utile à tous ceux qui doivent s'exprimer en public : prendre du plaisir. La seule façon de pouvoir s'affranchir des règles et attitudes que certains gourous de la prise de parole en public résument à une posture qu'ils enseignent comme étant une recette miracle. Dans ce genre d'exercice je ne connais que deux préceptes : travailler son sujet en le raccrochant à quelques mots-clés et prendre du plaisir à l'exprimer devant un auditoire qu'on regarde bien en face.

J'avais bâti une matinale faite d'un journal toutes les demi-heures, de petites infos glanées dans la presse, de musique. Je donnais aussi le cours des fruits et légumes, publié chaque matin, notamment pour les pêches, le melon et le raisin de table. En Provence, on parle des mercuriales, le nom venant de Mercure, le dieu des commerçants.

Et puis, j'avais inventé un jeu, dont j'étais très fier, le jeu du petit panier. Comme dans la chanson de Gilbert Bécaud, je le remplissais pour cent francs du thym de la garrigue, d'un peu de safran, d'un kilo de figues et de beaucoup d'autres choses, chaque jour. Les auditeurs devaient appeler pour m'en donner le juste prix. Celui qui en était le plus proche remportait la mise. « Juste prix ». Peut-être que cela vous rappelle quelque chose ? Au début, je ne croulais pas sous les appels. J'avais demandé à mes connaissances, encore peu nombreuses, d'appeler, en changeant un peu la voix et le nom. Heureusement, le succès est arrivé assez vite pour ne plus avoir à tricher au bout de quelques semaines.

Je découvrais non seulement la radio, mais aussi le sens du mot « proximité » au cours de ces dialogues matinaux avec des auditeurs à l'accent ensoleillé. J'ai aussi compris à quel point ce qui venait de Paris n'était pas recevable pour les partisans les plus extrémistes de l'identité provençale. Il aurait fallu que tous les animateurs soient originaires de la région et toutes les émissions proposées en provençal dans le respect de l'école littéraire du Félibrige cher à Frédéric Mistral, Joseph Roumanille, Théodore Aubanel pour ne citer que les plus connus. C'est pourquoi très vite on s'est mis à parler de Radio Vaucluse pour gommer ce « France » parfois perçu comme une provocation. Pour m'intégrer au mieux, je me suis efforcé d'oublier les quelques pneus crevés sur ma voiture, immatriculée à Paris, et garée chaque matin devant la station. Dans l'ensemble du Vaucluse et à Avignon, on était plutôt content d'accueillir cette radio qui allait participer à l'animation de la région, servir la culture et l'économie, alimenter de quelques-uns de ses sujets locaux la radio nationale France Inter, participer au retentissement du célèbre festival de théâtre.

Après un an à la matinale, on m'avait confié une grande émission en direct et en public, tous les dimanches matin, dans différents lieux emblématiques. J'avais découvert le savoureux bagout des conteurs de cette Provence de couleurs, de parfums et de lumière. J'étais émerveillé par le mont Ventoux, le géant de Provence et sa coiffe blanche offerte à tous les vents. Ces vins des côtes du Rhône forts en tanin et puissants, riches de matière et d'arômes. Le goût unique de l'huile d'olive tout juste sortie du pressoir. Les dentelles de Montmirail, sculptées par le mistral, Gigondas d'un côté, Vacqueyras de l'autre, au cœur des vignes. Bref, la Provence offrait à l'homme du Nord que j'étais un vrai pays des merveilles où, dès le premier été, je voyais d'un œil mauvais les vacanciers débarquer. À peine adopté, j'étais déjà devenu chauvin.

Au bout de deux ans, l'absence de ma famille était devenue pesante. À force de travail, j'avais fini par faire mes preuves et obtenir le poste de journaliste que j'avais convoité au départ dans cette station locale de Radio France. Chez les responsables parisiens des radios locales, c'était une grande première. Qu'un journaliste devienne animateur… Il peut arriver dans la vie qu'on tourne mal… Mais qu'un animateur accède à la caste des journalistes, c'était à la limite de la forfaiture. J'avais dû aller à Paris défendre ma candidature. Le seul argument que je pouvais opposer au responsable des relations humaines était d'avoir déjà possédé une carte de presse. Par chance, quelques semaines plus tôt, une amie m'avait montré la sienne flambant neuve. Il aurait suffit de changer le nom, la photo et elle pouvait faire l'affaire. Je ne suis pas allé aussi loin. À l'image d'un passeport, chaque carte possède un numéro qui indique sa date de délivrance. J'avais mémorisé celui de mon amie. Ce numéro avait l'avantage d'être récent, donc plausible. Elle était si fière. Comme on saute à la mer pour échapper au naufrage, j'ai énoncé les cinq chiffres sans hésiter. Le RH m'a cru. Son erreur a été de ne pas vérifier, et autant vous dire que plus tard, nous en avons reparlé sur un ton un peu moins détendu... Mais il était trop tard. Entre-temps, j'avais obtenu la mienne. Que se serait-il passé si je n'avais pas eu le culot de faire ce nouveau mensonge ? Certains penseront qu'on n'a pas le droit de mentir quelles que soient les circonstances. De la même manière a-t-on le droit de désobéir aux lois injustes ? C'est non seulement un droit, mais un devoir. Avais-je le droit de passer à côté d'une carrière à laquelle j'avais beaucoup sacrifié pour une carte que mes amis de *Détective* possédaient évidemment et que j'aurais pu demander à l'époque ? Vis-à-vis des miens et de moi-même, me protéger d'une banale décision administrative était un devoir.

En route pour France Inter

Par quel miracle ai-je pu faire le grand saut de Radio France Vaucluse à France Inter? Un seul journaliste de locale avait réussi l'exploit de passer de Nice à Paris, Philippe Reltien. Un talent remarquable et remarqué dont il fera largement la démonstration tout au long de sa carrière. Moi, je n'étais qu'un ex-animateur, présentateur de journaux, pas spécialement doué pour l'exercice, il faut bien l'avouer. Autant je m'éclatais au micro dans les émissions, autant je m'ennuyais dans la lecture et la retranscription des dépêches et des communiqués officiels qui constituaient l'essentiel de nos sources d'information.

Pour me faire remarquer par la rédaction de la Maison de la radio à Paris, j'avais commencé par pratiquer le *forcing*. Je venais le plus souvent possible, parfois avec la complicité des pilotes de Jet Service, qui assuraient certains soirs le transport de fret en passant par l'aéroport d'Avignon Caumont où je commençais moi-même à piloter. Ils m'embarquaient sur le strapontin entre eux, et on parlait avion bien sûr. Comme au temps d'Europe n° 1, j'observais pour apprendre. Je possédais les rudiments et pouvais lire les instruments tout en les regardant faire.

Observer, regarder, la meilleure des écoles, trop souvent négligée au profit de ce que j'appelle « le temps utile ».

Que ce soit en avion, en train ou en voiture, nos enfants ne regardent plus par le hublot ou la vitre. Leur imagination ne se nourrit plus des paysages qui défilent. Le voyage est un « temps perdu », qu'il faut occuper entre un lieu de départ et un lieu d'arrivée. La destination est un but à atteindre au plus vite, à travers un « espace-temps » sans intérêt. Alors ils se concentrent sur leur addiction prioritaire, leur Smartphone ou leur console de jeux, oubliant que l'observation des paysages, le vague à l'esprit, le dilettantisme sont essentiels et qu'il est sain de ne rien faire.

Revenons quai Kennedy à Paris. L'avantage de la Maison de la radio est qu'elle est ronde, comme chacun le sait. Profitant du couloir en courbe, je me postai discrètement non loin du bureau de Jean-Pierre Farkas, le directeur de la rédaction. Il ne pouvait pas me voir. Je l'apercevais. Il devait souffrir d'un léger problème de prostate, car il allait souvent aux toilettes. Dès que la porte s'ouvrait, j'attendais son retour pour le croiser, l'air de rien.

« Tiens, mais qu'est-ce que tu fais ici ?

– Je suis venu voir ma fille.

Ça se passe comment, à Avignon ?

– Bien. C'est une belle région. On ne s'ennuie pas… Toujours pas de poste qui se libère à France Inter, Jean-Pierre ?

– Non. Je te préviendrai si ça se présente. »

Jean-Pierre Farkas était un grand professionnel plein de rondeur et de bienveillance. Il avait parcouru le monde comme reporteur, était passé par Radio Luxembourg, *Paris*

Match, *Elle*, le *Journal du dimanche*, *VSD*, l'agence Sygma et surtout le journal *Combat*, né de la résistance, dont il avait été le dernier rédacteur en chef. J'avais confiance en lui, en son expérience et son humanité, mais j'avais beau renouveler régulièrement le stratagème, rien. Pas un poste à l'horizon. En revanche, à force de m'entendre lui poser infatigablement la même question, « Toujours pas de poste, Jean-Pierre ? », il ne pouvait ignorer que j'étais candidat. Le déclic est venu quelques mois plus tard, à l'occasion d'une odyssée qui mérite d'être racontée.

Le nom de Vaucluse vient de Val Clos, là où la Sorgue prend sa source. Une exsurgence d'une profondeur insondable, la seule porte de sortie d'un immense bassin souterrain de plus de mille kilomètres carrés, réceptacle des eaux du mont Ventoux, des monts de Vaucluse, de la montagne de Lure et du plateau d'Albion.

La Fontaine de Vaucluse a longtemps été source de mystères. En 1879, une première exploration avait eu lieu, en scaphandre, jusqu'à 23 mètres de profondeur. Par la suite les plongées se sont enchaînées : en 1938, jusqu'à -27,5 mètres. En 1946, Jacques-Yves Cousteau réussit, grâce à son scaphandre autonome, à descendre jusqu'à -46 mètres puis, neuf ans plus tard, à -74 mètres. La limite des plongées à l'air était atteinte. Il fallut attendre l'arrivée du mélange oxygène-hélium pour qu'en 1981 un plongeur atteigne -153 mètres puis -205 mètres. Là encore, un seuil physique était atteint. Seule et dernière solution, un robot télécommandé.

Déjà, en 1982, plusieurs membres du comité d'entreprise de Renault avaient proposé de construire un sous-marin miniature. Ils l'avaient baptisé, logiquement, *Sorgonaute*.

Le 17 septembre 1983, il avait été mis à l'eau. Sa caméra avait permis d'observer le gouffre jusqu'à 243 mètres de profondeur. Il n'irait pas plus bas, par manque de câble. Vint alors cette nouvelle tentative, un an plus tard, un dimanche de septembre 1984. J'étais sur place pour Radio France Vaucluse.

La foule des curieux s'était massée de bon matin autour du gouffre. Sur l'autre bord, les ingénieurs et techniciens venus exprès de l'usine Renault de Cléon en Normandie s'affairaient autour du robot. L'engin était relié à la surface par un ensemble de câbles d'une longueur suffisante cette fois. Les images des profondeurs allaient être visualisées sur un écran posé à même les rochers. Objectif, dépasser les 243 mètres et surtout analyser la topographie de la cavité et ses galeries.

Je devais intervenir en direct dans le journal de la mi-journée de Radio France Vaucluse. Pas avant, car la culture du suivi en direct était encore réservée aux évènements politiques, économiques et sociaux, en pole position dans la hiérarchie journalistique… quitte à ce qu'ils n'intéressent que les journalistes.

Arrivé à 8 heures, j'avais eu tout le temps d'observer les lieux, de ressentir la tension des équipes, l'attente du public, intrigué et religieusement silencieux. J'avais moi aussi le sentiment de vivre un moment historique et, qui sait, peut-être la fin d'un mystère. Le public, lui, ne s'était pas trompé, qui retenait son souffle. Quelle pouvait bien être la profondeur de cette résurgence ? Depuis toujours, les légendes les plus folles avaient couru. Elles avaient alimenté tous les fantasmes : -1 000, -2 000, -3 000 mètres, jusqu'au centre de la terre, pourquoi pas ? Il aurait suffi d'un petit dragon et la Fontaine de Vaucluse serait devenue le Loch Ness sur la Sorgue.

Je dois reconnaître que la situation était propice à toutes sortes de fascinations et d'hallucinations. Plus le mystère est ancien, plus il est mythique, et plus les esprits s'échauffent. C'est à ce moment qu'une idée m'est venue. J'avais repéré une cabine téléphonique sur le chemin de la fontaine, en face d'un restaurant. C'est de là que j'avais prévu de faire mon « papier » pour Vaucluse, comme on dit en langage de journaliste. Prévoyant, j'avais des pièces de cinq francs plein les poches. De quoi parler des heures. Ma seule crainte était que l'appareil tombe en panne ou qu'il soit occupé en permanence. Encore une fois, qui ne risque rien n'a rien :

« Allô, le standard de Radio France ? Vous pouvez me passer la rédaction de France Inter, s'il vous plaît ?

– À qui voulez-vous parler ?

– Au rédacteur en chef

– Le rédacteur en chef ? Vous avez son nom ?

– Non, mais c'est important, je suis journaliste à Radio France Vaucluse. J'ai une info pour lui.

– Attendez… Je peux vous passer le bureau des flashs. Vous êtes ?

– Jacques Legros, à Avignon. »

La standardiste que je dérangeais visiblement à cette heure matinale, un dimanche, prit son temps, jusqu'à ce que le bureau des flashs décroche. À force de passer devant pour guetter Jean-Pierre Farkas, je pouvais imaginer les lieux.

« Denis Astagneau. C'est pourquoi ? »

Le ton était sec, pas des plus engageants. Je savais qu'avec un bulletin d'information toutes les heures, Denis, spécialiste automobile dont je connaissais la réputation sans l'avoir jamais rencontré, n'avait pas trop le temps de discuter. En plus, il ne devait pas être ravi de devoir faire les flashs un dimanche.

Je lui expliquai brièvement l'évènement, en insistant sur la possible révélation d'un mystère très ancien, l'exploit technique de l'équipe de Renault Cléon et l'excitation du public présent sur place. Il marqua un temps de réflexion. Renault, un nom qui devait parler au journaliste automobile.

« Enregistre un papier. Je verrai si je le passe. Tchao. Bon courage. »

Je n'en espérais pas davantage. C'était à moi de jouer et de créer le suspense, comme dans un roman policier. J'ai joué sur l'intrigue, les rebondissements passés, la fantasmagorie des profondeurs, l'angoisse de l'échec. Peut-être que Georges Simenon aurait été fier de moi. Quel péché d'orgueil !

L'enjeu était de taille. Aussitôt écrit, réécrit et encore réécrit, ré-ré-ré-ré-écrit, direction la cabine téléphonique. Je rappelai le standard, en me présentant cette fois comme un envoyé spécial de France Inter sur un évènement d'importance nationale. Un peu d'humilité eût été plus honnête, mais moins efficace. Un jeune journaliste prit l'appel et le redirigea vers la cabine d'enregistrement qu'on appelait le KB.

« Quand tu veux. Vas-y. »

Il y avait l'écriture. Il fallait maintenant mettre le ton. Pas trop narratif, pas trop mystérieux, journalistique, tout simplement, comme l'aurait fait n'importe quel correspondant de guerre sur le front des combats. (En toute modestie !)

« O.K. C'est dans la boîte. Rappelle dans dix minutes quand Denis aura écouté. Je te donne sa ligne directe. »

Dix minutes plus tard, à la seconde près…

« Oui. Astagneau. C'est génial, ton truc ! Je veux un papier toutes les heures. Tu nous fais vivre ça, Coco ! »

Dès le flash suivant, et toutes les heures, Coco a fait vivre l'aventure, en signant « Jacques Legros, Radio France Vaucluse, pour France Inter. » Quelle promotion ! Je n'avais rien dit à la rédaction de Vaucluse. Je gardais ma monnaie pour France Inter. On avait peu de moyens à l'époque. Aujourd'hui, avec un simple Smartphone, vous faites des directs d'où que ce soit, à la radio et à la télévision. Mes petits camarades, qui écoutaient en permanence, devaient bicher qu'on parle de la station sur la radio nationale, et jaloux que ce ne soit pas grâce à eux. Quant au rédacteur en chef, silence radio !

J'ai été fidèle à la demande de Denis Astagneau jusqu'au dernier flash info, une heure avant le journal du soir, quand le *Sorgonaute* a explosé à -233 mètres. Encore un échec pour les équipes de Renault et pour les nombreux curieux dépités et frustrés. Mes rendez-vous à l'antenne d'Inter et de Radio Vaucluse les avaient attirés en nombre. La Fontaine de Vaucluse gardera son mystère jusqu'en 1985, quand un engin se posera sur un fond sableux à -315 mètres, l'équivalent, en profondeur, de la tour Eiffel, en hauteur. Pour ma part, j'avais remporté un succès inespéré. Il me vaudra d'être repéré par la rédaction à Paris. Le jour où un poste se libéra, Jean-Pierre Farkas m'appela. Il s'était souvenu de moi, comme il l'avait promis, et de l'aventure du *Sorgonaute*.

Vrai-faux journaliste

« Voilà ta vraie carte de presse, me lança le DRH de France Inter, fulminant de s'être fait berner. Elle remplace le numéro que tu avais inventé la première fois qu'on s'est rencontrés, pour signer ton contrat à Vaucluse. Je t'ai fait confiance. J'aurais dû vérifier !

– Et si j'avais dit la vérité, lui dis-je vexé, vous m'auriez engagé ?

– Le problème, c'est que tu n'as pas fait d'école de journalisme ! »

Tout est dit. Rien à ajouter. Le moule, encore le moule, toujours le moule. La voie royale, la seule. Bien des années plus tard, je me suis retrouvé à faire passer le concours d'entrée à l'Institut pratique de journalisme, aujourd'hui associé à la faculté Dauphine à Paris. J'avais face à moi des jeunes gens biens sous tous rapports, diplômés, et parfois surdiplômés. D'autres, plus fantaisistes, avaient fait le strict minimum pour pouvoir prétendre au concours. Les premiers étaient souvent guidés par la perspective d'un métier à l'image gratifiante, en accord avec leurs valeurs familiales. Certains n'avaient aucun talent. Chez les autres, on trouvait parfois la curiosité, la fantaisie et l'envie de barouder plutôt que d'écrire dans le journal *Le Monde* dès la sortie de l'école avec un salaire correspondant, les RTT, les tickets-restaurants et les semaines de congés payés auxquelles ils avaient droit bien sûr.

À la question : Quel genre de journalisme voulez-vous faire ?, les premiers se voyaient immanquablement critiques de cinéma, éditorialistes, grands reporteurs ; les autres à la locale de la *Voix du Nord* à Béthune ou ailleurs, là où ils pouvaient débuter et apprendre réellement le métier. Avant d'avoir de l'ambition, il faut accepter de faire ses preuves, ce que les écoles de journalisme enseignent de moins en moins. À qui la faute ? À un recrutement dans les grandes écoles basé sur les diplômes les plus prestigieux, type Sciences po. Pourquoi pas, si cela est le gage d'une culture générale étendue, mais le journalisme se pratique aussi à l'intuition, à la débrouille, à la curiosité. Ces qualités ne s'apprennent pas à l'école, si prestigieuse soit-elle. Ce qu'on a gagné en « têtes bien pleines », on l'a parfois perdu en « têtes bien faites », inventives et ouvertes à tous les vents d'où qu'ils soufflent.

À France Inter, j'accédais enfin aux grandes rédactions, peuplées de grands reporteurs à l'affût de grands reportages, diffusés par de grands présentateurs, adoubés pour présenter de grands journaux. C'est fou comme parfois, dans la vie, on se sent petit.

À côté de tous ces grands journalistes, hommes et femmes, je ne pesais pas lourd. Pour eux, j'étais passé par la porte de service et j'avais pris l'escalier pour leur laisser l'ascenseur. Je n'étais pas le *Parisien* parti quelque temps en *Province* tenter une aventure exotique. J'étais le *Provincial* arrivé sur le tard d'Avignon, donc un peu benêt et forcément sans grandes compétences. À moi la petite phrase sans intérêt d'un politique, récupérée dans une forêt de micros après des heures de planque sur un trottoir. À eux les grands reportages, au bout du monde de préférence. À moi les passants dans la rue, à qui on demande leur opinion sur tout et n'importe quoi pour ne recueillir que des banalités ou se faire jeter comme un malpropre. À eux les évènements planétaires.

Puisque tel était mon destin parisien, il n'y avait qu'une façon de m'en sortir, transformer ces micros-trottoirs souvent bâclés, parce que considérés comme le degré zéro du journalisme (pas faux, mais tellement courant), en « pastilles » pétillantes d'humour et de bon sens. Bien vu. À la conférence de rédaction, dirigée à l'époque par Philippe Caloni qui présentait la session du matin, on s'arrachait mes petits montages d'une cinquantaine de secondes pour en faire des respirations dans l'actualité. Je n'y mettais pas beaucoup de talent, seulement du temps, avec l'aide de ma fidèle amie Patricia Martin, qui m'a beaucoup appris. Un amour. Au lieu de poser trois questions à quatre passants, j'en posais vingt à cent personnes. Ensuite, le montage nous prenait des heures, mais le jeu en valait la chandelle. Encore une fois, on se fait repérer comme on peut et sans réclamer. Rien n'est dû. Quand on n'est pas le plus fort, il faut savoir se montrer malin.

De la mine à l'Élysée

« Tu as vu Beltien ? Et Expert ? Merde, tu sais où ils sont ?

– Non, je crois qu'ils avaient un déjeuner, mais je ne sais pas où.

– Il y a une catastrophe dans une mine en Lorraine. Un coup de grisou. Il y aurait des morts. Il faut que quelqu'un parte tout de suite. Tu es du Pas-de-Calais, toi ? La mine, tu connais ? Alors vas-y. Tu penses en être capable ?

– Évidemment !

– Essaye de nous faire au moins un papier pour le 19 heures. On enverra Expert pour te remplacer dès qu'il rentrera. »

Henri Charpentier était le directeur de la rédaction. Efficace, sympathique, mais un peu survolté. Une sorte de zébulon, toujours à 200 à l'heure. En ce 25 février 1985, on est donc partis sur-le-champ, avec mon technicien qui conduisait la voiture. À l'époque, on ne se déplaçait pas seul, même à la radio. Pour des raisons syndicales, un journaliste n'avait pas le droit de faire un montage. On travaillait au « Nagra », la Rolls des magnétophones professionnels. On enregistrait sur des bandes magnétiques, qu'il fallait ensuite monter avec une réglette et des ciseaux démagnétisés, en plaçant une amorce bleue ou jaune pour marquer le début et la fin. Cela permettait ensuite au technicien du studio de pouvoir se repérer, de lancer la bande avec précision et de savoir où elle s'arrêtait. Vu de notre monde numérique et 100 % informatisé, c'était la préhistoire.

Direction le puits Simon, à Forbach en Moselle. Henri avait raison. La mine, c'était toute mon enfance, avec ses solidarités et ses tragédies. L'empreinte des houillères était partout. Des carreaux numérotés (le lieu de l'extraction) à la bière des houillères qu'on nous servait à l'école, à raison d'une bouteille par table de huit. Autant dire qu'aujourd'hui cela ferait un scandale national, même si elle ne titrait pas plus d'un degré. Les hygiénistes ont eu raison de cette pratique bien locale, mais contraire à leurs principes, qui consistent à interdire plutôt qu'à éduquer. Je les rassure : on a survécu en échappant au Coca-Cola et on n'est pas tous devenus alcooliques.

Sur le chemin du collège, on traversait les corons, ces petites maisons de mineurs tristement alignées mais toujours soignées. Au loin, les terrils et les chevalements métalliques. Dans ma rue, à chaque changement de poste, on croisait les mineurs à vélo, tous blancs à l'aller, noirs au retour, le visage couvert de la poussière du charbon. Ils avaient leur « musette » en bandoulière avec à l'intérieur leur « briquet », comprenez leur repas. Des gens fiers et courageux, dont la vie m'impressionnait. Combien de fois ai-je entendu le maître d'école nous annoncer, l'œil humide, que le père d'un de nos copains était mort au fond pendant la nuit. Le copain en question était quand même présent, droit, propre comme un sou neuf, digne et magnifiquement courageux. Je garderai toute ma vie un immense respect pour ces camarades de classe, enfants d'immigrés polonais pour la plupart, dont l'avenir sera certainement resté au village, sans autre ambition que celle d'une famille résignée ni de perspective que celle dictée par l'école. Beaucoup étaient tellement plus forts et plus brillants que moi.

C'est une formidable déflagration qui s'était produite à 7 h 21 dans les entrailles du puits Simon, à 1 050 mètres de profondeur. Un coup de grisou suivi d'un coup de poussière. Vingt-deux jeunes mineurs avaient perdu la vie. La plupart n'avaient pas 25 ans. Plusieurs dizaines avaient été blessés. La pire catastrophe minière de Lorraine ! Tous ces jeunes avaient été recrutés à la hâte pour répondre à la demande de charbon à la suite de la relance de l'activité charbonnière voulue par le président François Mitterrand.

Quand on a vécu dans cet univers, il n'est pas difficile de trouver les mots justes pour décrire une telle tragédie. Les mots du cœur, maîtrisés par la pudeur et le respect que l'on doit à tous ces parents effondrés. Dans ce genre de situation, le journaliste passe vite pour un voyeur sans foi ni loi. Mettre le micro sous le nez d'une mère qui vient de perdre son enfant a toujours été au-dessus de mes forces. Les jeunes reporteurs des chaînes info excellent dans ce genre situation. Ils sont sortis des écoles avec plus de certitudes que de doutes, avec la religion du fait et de l'image. Pas de recul ni de hiérarchie, pas de valeurs qui feraient obstacle à la nécessité d'arracher des mots et des images. Il leur faut de la détresse et des larmes à offrir au téléspectateur. Une fois de plus, l'émotion doit faire taire la raison. Puisque la rareté est perçue comme un manquement, il faut de la quantité, de la redondance. Il vous est probablement arrivé de voir la même scène de quelques secondes passer en boucle d'un côté de l'écran cinq, dix, quinze fois pendant qu'un envoyé spécial décrit l'action dans l'autre partie (on parle de « *split screen* » ou écran coupé en deux, en français). Raconter ne suffit plus, il faut gaver le téléspectateur jusqu'à la nausée. Pauvre information. Triste télévision.

J'avais donc fait le pari d'écrire plutôt que de faire parler. De décrire cette chapelle ardente et tous ces cercueils alignés, ces familles anéanties, sans dépeindre leurs visages torturés par la douleur. Faire des phrases simples, courtes, dépouillées de tout mot inutile, débarrassées de la lourdeur des adjectifs. J'observais plutôt que de me mêler à eux, à la fois loin et juste assez près pour sentir leur détresse, la partager. Le style était peut-être nouveau, en tout cas différent. Quand mon copain Jacques Expert, aujourd'hui écrivain reconnu, après avoir dirigé la chaîne Paris Première et les programmes de RTL, est arrivé pour m'épauler, au cas où je n'aurais pas su faire, je l'ai renvoyé sur-le-champ. Il a tout de suite compris qu'il ne fallait pas insister.

Mes premiers reportages ont plu. À raison de deux interventions par jour pendant près de deux semaines, il a fallu se renouveler et ne pas rester sur la tragédie du puits Simon, au risque de se répéter. Puisque rien ne pouvait effacer cette souffrance, au moins pouvait-on rendre hommage à tous les mineurs en racontant leur vie, en les faisant parler cette fois. Qu'ils évoquent les risques du métier, la peur, la chaleur étouffante du fond, les trois-huit, la poussière et la fatigue, la solidarité, les quêtes dans les maisons pour payer les salaires par temps de grève.

Pas un seul habitant n'aurait refusé de donner. Je n'avais pas oublié celle de mars 1963, en plein cœur des Trente Glorieuses. Un ordre de réquisition avait été signé par le général de Gaulle. Les mineurs n'avaient pas obéi. Le 13 mars, deux mille Lorrains étaient venus en voiture à Paris, accueillis par la population solidaire.

On dit souvent que les gens du Nord sont accueillants et généreux. C'est vrai. Le monde de la mine n'est pas étranger à cet état d'esprit. On ne parlait pas de pauvreté. Les mineurs, surtout ceux du fond, n'étaient pas riches, mais ils n'étaient pas pauvres. Chez eux, pas besoin d'être allé à l'école pour partager les valeurs de fierté, de propreté, d'éducation, de famille. Les corons étaient des cités au sens citoyen du terme, les maisons alignées par souci d'égalité, toutes mitoyennes par besoin de solidarité, toutes semblables par probité. Tout le contraire de ce que sont devenues les cités d'aujourd'hui, où grandissent des générations sans pères et sans repères, abandonnées au communautarisme. Mais déjà, des puits commençaient à fermer, marquant la fin d'un métier destiné à disparaître.

Juste avant de reprendre la voiture pour rentrer à Paris, j'avais été invité à rencontrer les parents d'une jeune victime. Le garçon avait 18 ans. Malgré leur détresse, eux voulaient témoigner. Qu'on sache à quel point ils étaient fiers de leur fils, qu'ils resteraient attachés à la mine, malgré leur douleur. C'était leur vie. Ils ne connaissaient rien d'autre. Ils habitaient dans une maison toute simple, parfaitement tenue. Avant mon arrivée, le sol avait été lavé, une toile cirée neuve posée sur la table de la salle à manger. On s'est assis sur des chaises paillées. Je les ai regardés sans pouvoir parler. Ils n'ont pas attendu mes questions pour me donner une leçon de dignité, en racontant sans défaillir les dernières heures de leur enfant avant qu'il parte au travail pour la dernière fois, sa joie de vivre, ses projets avec sa petite amie coiffeuse, leur amour partagé, leur vie à jamais brisée. Il était leur fils unique, leur raison de vivre. Je n'arrivais pas à les quitter. On est tombés dans les bras les uns des autres. Je n'ai pas pu retenir mes larmes. Je les ai serrés très fort et je suis parti vite.

J'avais voulu être seul pour enregistrer ce moment. Mon adorable camarade technicien m'attendait dans la voiture, prêt à prendre la route du retour. En voyant mes yeux rougis, il n'a pas osé me poser de questions. Un lourd silence s'est installé jusqu'au moment où le téléphone embarqué Radiocom 2000 s'est mis à sonner… C'était Henri Charpentier, notre Monsieur cent mille volts.

« Vous êtes encore loin ?

– À deux heures environ. Pourquoi ?

– Comme vous avez tout le matériel, je voudrais que vous passiez par l'Élysée. Je n'ai plus d'équipe et le président doit faire une déclaration. Vous avez largement le temps d'y être. Il suffit de tendre le micro et de rapporter le sonore dare-dare. C'est pour le 19 heures. »

En quelques heures, je passais de la modeste maison de ces parents si beaux, si attachants, si émouvants, aux ors du palais de l'Élysée, à un mètre du président de la République, froid et distant comme à son habitude. Je le regardais à peine. Son ton hautain me dérangeait. Je n'avais même pas envie de l'écouter. Je serais incapable de dire aujourd'hui quel était le sens de sa déclaration. On a repris la voiture de France Inter, traversé Paris pour retrouver la ruche de la rédaction, toujours à l'écoute des bruits du monde. J'étais encore en Lorraine, en silence dans ma tête et dans mon cœur.

Cette expérience éprouvante m'a appris deux choses : d'abord que le journalisme est probablement le seul métier dans lequel on peut faire un aussi grand écart en aussi peu de temps. Passer des profondeurs de la mine au sommet de l'État. Ensuite, que ce que j'avais vécu auprès des mineurs à Forbach avait mille fois plus de valeur à mes yeux que ce que je venais d'enregistrer au cœur du pouvoir.

Une énième leçon que j'ai toujours voulu appliquer au 13 heures en privilégiant les reportages consacrés à la France qui travaille, qui élève ses enfants, qui s'endettent à vie pour devenir propriétaire, quand c'est encore possible. Cette France qui ne comprend pas pourquoi ses efforts ne payent plus. Pourquoi elle se retrouve pénalisée alors qu'elle pensait avoir rempli sa part du contrat social. Pourquoi elle a le sentiment qu'on ne l'entend plus. Pourquoi elle est de plus en plus obligée de se sacrifier pour assurer malgré tout des fins de mois difficiles.

Ce qui a changé, par rapport au monde de la mine de mon enfance, ce ne sont pas les revenus. C'est le mode de vie et la notion de besoin. À salaire égal, mes mineurs étaient logés, éclairés, chauffés. Ils disposaient d'un lopin de terre derrière leur maison où poussaient des légumes. Pas besoin de voiture pour aller au travail tout à côté. Un vélo suffisait. Ils s'habillaient simplement, sans céder aux tentations des supermarchés, qui n'existaient pas, ne partaient pas en vacances, et finalement ils vivaient chichement, mais bien, sans regarder chez le voisin si l'herbe était plus verte.

Aujourd'hui, je constate que la France des campagnes et des banlieues souffre. Deux salaires ne suffisent plus. Le logement coûte cher, la voiture aussi, et de plus en plus, mais on ne peut pas s'en passer, ne serait-ce que pour aller au travail. Les enfants réclament ce qu'ils ont vu dans les pubs à la télé, ce qu'ont déjà les copains. Chez moi, on ne jugeait pas les enfants de mineurs à leur tenue. On avait tous la même, faite d'un pantalon en hiver, de culottes courtes en été et d'une paire de chaussures par an. Pour le goûter, on nous préparait des tartines avec le beurre de la ferme et les fruits du jardin. Autant d'économies, par rapport à aujourd'hui, qui permettaient de bien vivre avec un petit salaire. Non ce n'était pas il y a cent ans, c'était dans les années soixante, c'était hier.

Le monde change. Il ne faut pas espérer ni souhaiter un retour en arrière. Ce serait stupide. Mais comment faire la synthèse de ce passé vécu et de ce présent qu'on vit ? Continuer à savoir d'où on vient pour comprendre où on va. Ne pas servir un passé réchauffé en permanence aux nouvelles générations qui ne comprendraient pas. Non, tout n'était pas mieux avant. Différent, c'est tout. La nostalgie n'est pas la bonne démarche. C'était un point de désaccord essentiel que j'avais avec Jean-Pierre Pernaut, dans la conception du journal de 13 heures. Le déclinisme n'est pas mon idéologie. Ce n'est pas en se réfugiant dans le passé et les modes de vie disparus qu'on règlera les problèmes de notre époque. Ce serait rassurant et confortable, bien sûr, mais un journal populaire doit offrir autre chose. Être, comme je le répète pour la énième fois (désolé), porteur d'exemples et de solutions.

Oui, il existe une jeunesse désœuvrée qui sombre dans la drogue et la violence. On ne peut l'ignorer, ni ne pas le montrer. Il existe aussi des jeunes gens courageux qui reprennent l'exploitation de leurs parents, avec des idées et des méthodes nouvelles. Ils ne sont pas guidés par l'appât du gain, heureusement pour eux, mais par la passion et le courage. D'autres se lancent dans l'entreprise, le commerce, l'humanitaire, avec plus de générosité que nous en avions à leur âge. Eux aussi doivent avoir leur place, toute leur place, dans ce journal.

Cela ne va pas régler tous les problèmes d'une grande partie de la société. En revanche, il peut compenser les sentiments d'abandon et de déclassement de certains, tout simplement en les exprimant. Montrer qu'on ne les ignore pas, qu'ils ont leur place dans l'information, comme les autres, au même titre que les autres. C'est aussi cela, le rôle du miroir qu'est la télévision. Sa puissance est telle qu'il n'est pas illusoire de penser qu'elle a une influence sur le cours des choses. Un jour, dans une conférence agricole où j'intervenais à Amiens, on m'a demandé, comme par provocation, si les médias faisaient l'opinion. Ma réponse a surpris tout le monde : « Oui, bien sûr. Pas tout seuls, mais si on additionne l'audience des deux grands journaux de la mi-journée et celles des 20 heures, on arrive quotidiennement à près de vingt millions de téléspectateurs, un tiers des Français, sans tenir compte des enfants. Inutile d'en dire plus sur notre pouvoir et notre responsabilité. »

Les risques du métier

Pour la fin de l'année 1986, la rédaction de France Inter avait organisé un Noël au bout du monde. Un ensemble de reportages réalisés dans les départements et territoires d'outre-mer. Nous nous étions réunis dans le bureau du directeur de la rédaction pour la distribution des destinations. Les plus pressés étaient devant, et moi derrière, comme d'habitude. J'avais une idée en tête, ce qui me permettait de les observer s'écharper pour gagner Tahiti, Mayotte, les Antilles ou La Réunion.

Une fois les plages paradisiaques généreusement distribuées aux plus talentueux, cela va de soi, il ne restait que Saint-Pierre-et-Miquelon. Une destination pour laquelle personne n'avait envie de se battre. Celle que j'avais choisie. Pourquoi ? Mon raisonnement était simple. J'avais peut-être une chance d'aller un jour au soleil des tropiques pour passer des vacances, mais certainement pas dans les brumes de l'Atlantique nord. Alors autant profiter d'un reportage pour découvrir cet archipel français proche du Canada et de Terre-Neuve. Et puis j'avais adoré l'atmosphère du film *Le Crabe-Tambour* de Pierre Schoendoerffer, avec Jean Rochefort et Claude Rich, dont l'action se situait dans ces eaux poissonneuses mais inhospitalières. J'avais aussi envie de voir le chapeau du célèbre gangster américain Al Capone, qui avait fait fortune dans le trafic d'alcool de contrebande durant la prohibition dans les années vingt. Un chapeau qu'on disait exposé dans la vitrine du bar « À la Morue Joyeuse » à Saint-Pierre. L'époque de Chicago sans foi ni loi, des Incorruptibles avec Eliot Ness à leur tête. Tout un monde de personnages mythiques que j'avais envie d'approcher.

Je n'ai pas été déçu. Après une escale d'une nuit à Montréal puis à Halifax en Nouvelle Écosse, mon biturbo-propulseur à hélices se posa en grondant et vibrant, dans la brume et sans qu'on puisse distinguer l'océan de la piste. D'abord invité au journal du soir de RFO, la télévision locale de Radio France Outremer, j'avais expliqué l'opération, les raisons de mon choix et mon intention de faire mieux connaître le territoire que beaucoup avaient du mal à situer sur le globe. Premier pas réussi. Par la suite, chaque jour, je m'étais employé à raconter l'archipel à travers les maisons colorées de Saint-Pierre, la pêche à la morue, l'isthme qui relie Saint-Pierre à Miquelon, cette langue de sable fixée par les nombreux navires qui avaient fait naufrage dans le brouillard et les tempêtes. Un paradis pour les phoques et les chevaux sauvages. La raison d'être de ce fronton de pelote basque apporté par les premiers marins venus de métropole avec leurs traditions basques et malouines. Un travail de reporteur passionnant malgré le froid et la neige.

Noël approchant, les choses ont commencé à se gâter. Mes camarades de RFO avaient affrété un petit avion pour aller faire un « sujet fêtes » à Miquelon.

« Tu veux venir ?

– Bien sûr. »

J'étais ravi. Sans eux, je n'aurais jamais eu la possibilité de m'y rendre et mes reportages auraient été incomplets. Miquelon, c'était une rue et quelques maisons de part et d'autre, balayées par le vent glacé. Un vrai paysage de Grand Nord, comme dans les documentaires. Au milieu, une petite école et quelques enfants. On m'autorisa à interroger la jeune maîtresse, qui m'expliqua qu'elle était venue pour suivre son compagnon coopérant. Elle avait hâte que les vacances arrivent, pour aller à Saint-Pierre retrouver un peu de « civilisation » ! Elle voulait sans doute dire d'« animation », même si tout était relatif. Les 24 et 25 décembre, je m'étais retrouvé seul dans l'hôtel fermé. Rien à manger, et tous les commerces, bars compris, avaient baissé leurs rideaux. Je m'étais servi dans le réfrigérateur des cuisines et mes amis de RFO m'avaient gentiment accueilli pour passer le réveillon en leur compagnie. Dans les jours qui ont suivi, l'interview était passée dans le journal de la mi-journée de France Inter. Arriva ce qui devait arriver : RFO l'avait reprise et, quand l'institutrice et son compagnons étaient rentrés à Miquelon, après les fêtes, leurs valises étaient sur le port bien gardées : « Puisque Saint-Pierre, c'est la civilisation, retournes-y. On ne veut plus de toi ici. »

De mon côté, j'étais rentré à Paris sans imaginer un seul instant le problème diplomatique que j'avais créé. Le ministre de l'Outre-mer, aujourd'hui disparu, Bernard Pons, parrainait l'opération. Il me convoqua et je n'ai pu que plaider coupable, avec beaucoup de circonstances atténuantes. Les jeunes gens furent rapatriés en urgence, sans doute un peu traumatisés quand même. Je ne les ai jamais revus. Je leur présente aujourd'hui encore toutes mes excuses pour ce manque de prudence aux répercussions disproportionnées. La preuve qu'un seul mot peut avoir de lourdes conséquences, surtout si on l'interprète avec, il faut bien le reconnaître, une grande susceptibilité.

La boîte de Pandore

Quelques semaines après mon séjour dans l'Atlantique nord et sa rudesse, j'étais de retour à la rédaction de France Inter pour présenter les journaux du matin, le week-end. C'est à ce moment que j'ai reçu la visite d'un personnage à l'air bourru, au regard sombre et menaçant. Il était accompagné du responsable de la rédaction, Hugues Durocher.

« Jérôme, je te présente Jacques Legros, c'est un bon élément.

– Mouais… Peut mieux faire. »

Comment pouvais-je interpréter ce jugement péremptoire, et pas très encourageant, de la part du nouveau directeur de l'information, Jérôme Bellay, nommé pendant mon séjour à Saint-Pierre ? Je n'avais aucune idée de ce que cela présageait. Quelques jours plus tard, il me convoqua dans son bureau. J'étais sûr qu'il allait me passer un savon ou me virer. Je me présentai, pas très à l'aise.

« Bonjour Jérôme. C'est moi que vous êtes passé voir dimanche.

– Oui, je sais. »

Il m'observa par-dessus ses lunettes, toujours avare de mots.

« Ça va ?

– Oui.

– Tu te sens bien à France Inter ?

– Oui. Pourquoi ?

– Si je te retire de l'antenne, tu fais un scandale ?

– Ça dépend pourquoi.

– J'ai une aventure pour toi si tu es d'accord, mais tu arrêtes la matinale dès lundi.

– C'est d'accord. »

Il s'interrompit, l'air surpris par ma réponse instantanée.

« Je ne t'ai pas dit ce que c'était et ça ne te dérange pas de ne plus présenter les journaux du matin ?

– Vous avez prononcé le mot “aventure”. Ça me suffit, et puis je vous fais confiance. »

Il eut l'air ravi de cette réponse, qu'il devait trouver flatteuse et courageuse. Pour moi, c'était seulement l'occasion de découvrir autre chose. Mais quoi ? Je venais sans le savoir de gagner ma place dans l'équipe qui allait créer France Info, la première radio d'information continue de France.

Avec Jérôme Bellay, j'allais beaucoup apprendre sur ce qu'est une information. Pourquoi, s'il manque un élément, elle n'existe pas. Le sens des cinq W en anglais : *where, who, whose, why, what*. En français, des questions, il y en a plutôt sept : qui, quoi, où, quand, comment, combien et pourquoi. Cette méthode, d'origine aristotélicienne, est la base de l'écriture journalistique. Elle structure l'information de la même manière qu'à *Détective* mon personnage devait utiliser ses cinq sens pour exister réellement aux yeux du lecteur. Dans le cas d'un fait divers par exemple, cela permet de cerner les faits, à coup sûr :

qui est l'auteur ? Qu'a-t-il fait ? Avec quels moyens ? Où ? Quand ? De quelle manière ? Avec quelle détermination ? Pour quelle raison ? Ce principe est universel, et je l'utilise quotidiennement.

La création de France Info à partir d'une feuille blanche, sans aucune référence existante et avec une équipe venue d'horizons divers, a été une des plus belles expériences que j'ai vécues. À l'exception de Jérôme, qui avait sa petite idée en tête, personne ne savait à quoi cette radio expérimentale allait ressembler. On était prévenus. Chacun travaillerait en solo sur son ordinateur et sans assistance. Du jamais-vu à Radio France où journalistes, techniciens, assistants avaient chacun son confort et son territoire. Des cours de dactylographie allaient être organisés pour apprendre à taper plus vite sur le clavier d'un ordinateur, avec tous les doigts. Une révolution ! J'avais renoncé avant d'essayer. Restait à bâtir le programme. Cela s'est fait tout simplement et de façon empirique.

Il fallait un journal toutes les demi-heures. Oui, mais de quelle durée ? On a essayé cinq minutes. Trop court. Pas assez d'infos. Dix minutes ? Trop long. On s'ennuie. Tout le monde est tombé d'accord sur sept minutes, avec deux éléments sonores d'une vingtaine de secondes seulement pour ne pas casser le rythme.

Chaque interrogation qui a suivi était évidente et essentielle. Que met-on juste derrière chaque bulletin d'information ? La météo bien sûr. Mais si un auditeur se connecte huit minutes après l'heure ou la demie, il devra attendre plus de vingt minutes pour avoir des infos. Ce n'est pas acceptable sur une radio d'info continue. C'est là qu'est née l'idée d'un premier rappel de titres puis de deux. On les a appelés France info express, à dix, vingt, quarante et cinquante, ce qui a réduit le temps d'attente d'information à moins de dix minutes. La structure était « posée », comme on dit d'une maison quand elle est hors d'eau et hors d'air, qu'elle a ses fondations, ses murs et son toit.

Le lancement a eu lieu le 1er juin 1987. Je faisais partie de la première équipe, dans les anciens studios de Radio 7 qui surplombaient le grand hall de la Maison de la radio. Nous étions trois avec Jean-Paul Raulin et Michel Goujon. Toute la presse était présente. On n'avait pas connu un tel évènement médiatique depuis longtemps. On était tous excités de vivre cette aventure qui intriguait nos confrères. La plupart, en particulier à l'intérieur de la maison Radio France, étaient certains que ça n'allait pas marcher. Je les entends encore me dire en rigolant : « Tu es fou d'avoir lâché la matinale d'Inter pour ce truc. » Il est vrai que de l'autre côté de Paris, porte de Bagnolet, on ne recevait déjà plus « ce truc ». Et puis, « ces répétitions toutes les demi-heures, c'est inécoutable ». Ils n'avaient pas intégré le changement de paradigme qui avait eu lieu. Le principe de cette nouvelle radio n'était pas d'être branchée toute la journée, mais d'être écoutée à la demande, à n'importe quel moment, avec l'assurance d'avoir des infos. Au lieu d'attendre passivement, on avait la liberté de choisir son moment, sans regarder sa montre. Moins de dix minutes après, on savait l'essentiel de ce qui se passait dans le monde. Un changement d'habitudes radical. Malheureusement, une conséquence inquiétante allait apparaître rapidement.

En 1988, lors de l'université d'été du Front national au Cap d'Agde, Jean-Marie Le Pen avait ironisé sur les peurs que sa personne suscitait. Au ministre de la Fonction publique, Michel Durafour, qui s'inquiétait, lui aussi, de la popularité croissante du président du Front, Jean-Marie Le Pen avait répondu : « Monsieur Durafour-crématoire, merci de cet aveu. » Un bon mot sans doute dans la bouche de Jean-Marie Le Pen, coutumier des dérapages. Cette fois, c'en était trop. Même au sein de son parti, certains notables avaient rendu leur carte. Partout en France et à l'étranger, Le Pen avait été vilipendé. Tous les médias en avaient parlé, dont France Info bien sûr. C'est là que m'est apparue la puissance destructrice de la répétition. Quand les autres radios évoquaient l'affaire dans leurs grands rendez-vous d'information en replaçant l'injure dans la voix de son auteur, le présentateur de France Info avait repris les mots à son compte, en citant Jean-Marie Le Pen toutes les dix minutes, à l'heure, à dix, vingt, trente et ainsi de suite pendant toute la journée. « Durafour-crématoire » avait fini par sonner comme un sinistre slogan. Un matraquage dont le jeune journaliste ne mesurait pas les conséquences dans l'esprit des auditeurs. Il ne se rendait pas plus compte de l'effet négatif induit par le fait de reprendre avec sa propre voix les propos infamants, pour ne pas avoir à passer d'extrait sonore, puisque leur nombre était limité. La preuve que les règles sont aussi faites pour être parfois transgressées. Citer Jean-Marie Le Pen ne légitimait rien. À partir du moment où le journaliste reprenait les propos du président du Front national huit fois par heure dans sa bouche, il se substituait à lui et devenait bien involontairement son porte-parole. Grave problème de responsabilité et de déontologie.

Aujourd'hui le phénomène est encore amplifié par les quatre chaînes info de télévision qui, faute de toujours disposer d'informations et d'images de premier choix pour alimenter leur antenne, mettent en avant des évènements, des petites phrases et des personnages sans intérêt. Le noble projet de libérer l'information s'est transformé en illusion que tout dire, tout montrer, tout le temps, sans rien filtrer et en pensant apporter une valeur ajoutée, est un progrès. C'est l'inverse. Comme avec les réseaux sociaux, quand tout se vaut, tout ne vaut plus rien. Quand on ouvre la boîte de Pandore, il est impossible de la refermer.

Facebook, Twitter et autres dérapages

J'aimerais aborder la question des réseaux sociaux, non pas pour les soumettre à une exécution en règle, mais pour réfléchir à leur utilité et leurs limites, leurs vertus et leur dangerosité, dans ce grand maelström informationnel.

Toutes les questions que l'on doit se poser tournent autour de la multiplicité des sources, de la surabondance d'une information non filtrée, de son caractère viral et immédiat, qui la rend incontrôlable. Info ou intox ? *News* ou *fake news* ? *That is the question.* Va-t-on vers un cinquième pouvoir sans contraintes et sans limites, au nom de la liberté de s'exprimer ?

Le problème des fausses nouvelles, pour parler français, est qu'elles se propagent sept fois plus vite et plus loin que les vraies, là où l'on était en droit d'espérer une valeur ajoutée de connaissance et d'échanges. Le sociologue Gérald Bronner parle d'une « épidémie de crédulité[1] ». On remarque aussi que le besoin d'explications simples nous pousse vers ces informations simplistes, d'autant qu'elles

1. *Déchéance de rationalité*, Grasset, 2019.

jouent plus sur nos émotions que sur notre raison. On a envie d'y croire. C'est rassurant. Alors on y croit, et pour paraître intelligent ou informé, on balaye toute forme de contradiction.

Sans chercher d'explication savante, citons néanmoins Freud qui parlait à propos de sexualité adolescente de *scopophilie*, comprenez : la pulsion de regarder et de montrer. On note que cette tendance est très présente chez les adolescents, et pas seulement dans l'évolution de leur sexualité. Au début du XXe siècle, le psychanalyste pensait au besoin d'échanger pour se construire avec un monde réel limité dans l'espace et le temps. Il ne pouvait imaginer la place qu'occuperait un siècle plus tard le monde virtuel, illimité et instantané. Comment aurait-il analysé l'offre pléthorique de possibilités pour chacun d'être vu, entendu, reconnu, en quête du regard des autres, jusqu'à produire une vision fantasmée de soi ?

Les réseaux sociaux ont les qualités qui engendrent tous leurs défauts. Ils sont abordables, instantanés, ouverts à chacun, sur chacun et sur le monde. Un rêve que, dans mon enfance, personne n'aurait pu imaginer connaître un jour. La communication tous azimuts, sans avoir à dire s'il vous plaît, merci ou pardon. Le texte et l'image à partager sans attendre, sans filtre et sans frontière. On ne peut nier leur rôle dans le lancement d'alertes qui, sans eux, seraient restées muettes et cachées. Le mouvement MeToo qui encourage les femmes victimes de viol ou de toute autre agression à prendre la parole pour dénoncer leur agresseur a mis au jour bon nombre de silences coupables. Il n'était que temps. La résistance ukrainienne, lors de l'invasion russe au début 2022, a beaucoup utilisé ces réseaux pour tenter de s'organiser en dehors des médias officiels bâillonnés ou détruits. Mais, comme le dit le communicant Raphaël Seegmuller[2], « On ne cherche plus à convaincre, mais à se calquer sur toutes les opinions. D'autre part, les contenus les plus lus ou vus sont d'abord une source d'émotions positives ou négatives. Très loin d'un raisonnement que l'on pourrait avoir dans un monde réel, physique. Autant de flux de données ne fait que grossir les traits de la réalité. C'est une prime à la radicalisation. »

Les réseaux sociaux sont utiles en tant que médias. Ils sont nocifs s'ils se transforment en amplificateurs de tous les préjugés et en déversoirs de toutes les frustrations et de toutes les haines. Peut-on tout répandre, jusqu'à l'abject ? Peut-on tout dénoncer sans preuve ? Peut-on tout affirmer sans savoir ? Peut-on tout montrer jusqu'à l'obscénité ? Et tout cela au nom de la liberté ? Non, je ne crois pas. Je crois au contraire que la liberté ne peut s'exercer sans le respect des valeurs de tolérance, d'écoute, de réflexion et de retenue. Ce à quoi on assiste trop souvent sur les réseaux sociaux tue la liberté.

Comme en toutes choses humaines viendra, je l'espère, le temps de la raison. Prudence aussi pour les journalistes dans les médias traditionnels. Certaines informations sont à prendre avec des pincettes et, une fois encore, jamais dans l'urgence et l'imprudence. Par exemple, la simple image de l'arrivée d'une personnalité au tribunal pour être entendue en fait aussitôt un possible coupable dans l'inconscient du public, d'autant que les doutes qui pèsent sur elle, bénéficieront d'une plus grande couverture médiatique que

2. Directeur général associé du cabinet de conseil Uprightly.

son éventuel non-lieu. C'est le choc des images qui ne doit pas dispenser du poids des mots. Comme le public, l'information se nourrit plus volontiers des anathèmes que des réhabilitations.

La puissance des médias est une donnée qui, globalement, doit nous faire réfléchir. Quoi qu'on dise, le sens des mots peut nous échapper par un effet de distorsion lié au phénomène d'amplification. Chacun n'écoutant que ce qu'il a envie d'entendre, la somme des interprétations finit par altérer le sens de ce que les journalistes avaient pourtant délivré après mûre réflexion.

L'obligation de rigueur dans la pratique du langage doit aussi nous alerter. C'est plus qu'une coquetterie, c'est un devoir professionnel. À tous les jeunes journalistes à qui je fais remarquer que le terme qu'ils emploient n'est pas exact, et qui me répondent que c'est « pareil », je dis non, ce n'est pas « pareil ». Non, on n'a aucune *chance* de mourir. Pour moi c'est plutôt un *risque*. Non, on ne met pas *à jour* un trésor, on le met *au jour*, ce qui n'empêche pas de mettre *à jour* son agenda. S'adresser à des millions de téléspectateurs impose une rigueur absolue qui ne peut se satisfaire du « c'est pareil » ! Je reviendrai un peu plus loin sur ce français que les jeunes générations ne maîtrisent plus. Encore une faillite de l'école. Une de plus. L'addition commence à être lourde.

De nos jours, il n'y a plus de petit et de grand média. Avant l'arrivée des réseaux sociaux, on pouvait se répandre, sans trop de conséquences, dans un journal à faible tirage. Aujourd'hui, avec la puissance du numérique, ce même article sera repéré, repris et diffusé sur la toile. Les radios et les télévisions pourront s'en emparer, en faire une information qui sera commentée avant d'être analysée et si l'un en parle, les autres suivront. La boucle du cercle vertueux ou vicieux est bouclée.

Les réseaux sociaux sont aujourd'hui au cœur du système médiatique. Une autre conséquence négative de leur explosion se trouve dans l'illusion d'être par le paraître. Je me montre donc je suis. Je parle donc je sais. Je dis donc j'ai raison. Elle a fini par engendrer une forme de tyrannie de la superficialité. On en oublie que le vrai monde est encore et toujours dehors. Cette superficialité partagée par le plus grand nombre donne à son tour l'illusion de la majorité. Un nouveau conformisme, détaché de la vie réelle, et qui enferme dans un rôle social. Au lieu de rassembler, comme on le croit, il fragmente et isole. C'est l'univers des vrais faux amis, des jugements binaires. J'aime, je n'aime pas. Un pouce pointé vers le haut ou vers le bas suffit. La subtilité des mots occupe trop de place. Il faut contracter, simplifier. Tout ce qui n'est pas *pour* est *contre*. Le débat fait perdre du temps. Il est inefficace donc inutile. On le remplace par des affirmations qui dispensent d'écouter l'autre.

Autre effet néfaste, à force de se placer au centre de la photo pour la partager, ce n'est plus ce que l'on voit qu'on montre. On se montre soi-même au premier plan. On s'exhibe. Ce déplacement du sujet vers soi exacerbe sa propre valorisation et créé chez l'autre la culture de la convoitise et de l'envie. Chacun se veut le centre de tout. La liberté de tous, pour laquelle nos aïeux ont risqué leur vie, est devenue la liberté de soi avant celle des autres. Le meilleur exemple se trouve dans le discours des anti-vaccins contre le COVID, en particulier chez les soignants. Au nom de leur liberté de refuser l'injection, ils ne voulaient pas entendre l'argument – pourtant supérieur – de la nécessité de limiter les risques de contaminer les autres même si le vaccin, j'en conviens, n'offre pas une garantie absolue pour les autres. Une acception dévoyée du mot liberté et qui pourtant ne perturbe pas leur inattaquable pensée. À cela s'ajoute l'argument irréfutable qu'un personnel soignant malade est un personnel soignant en moins au moment où on en a le plus besoin.

Une distorsion supplémentaire vient de l'instantanéité, qui est la règle dans l'utilisation des réseaux sociaux. Puisque les échanges se font sans attendre, tout délai par ailleurs devient source de frustration. Devoir patienter devient insupportable. « Tout de suite » n'est plus seulement un caprice, c'est une dérive sociale. C'est oublier que les frustrations sont indispensables pour accepter que dans la vie il y ait des limites, des interdits. C'est ce qui permet de vivre en société. On retrouve d'ailleurs cette impatience pulsionnelle dans la circulation routière, où elle s'ajoute au manque d'éducation. On finit, là encore, par penser que le monde tourne autour de soi. La finalité n'a plus le temps de se construire. Le « je » a tué le « nous ». Pourquoi dirai-je « s'il vous plaît » ou « merci » à celui qui me cède sa place ou sa priorité, puisque je suis, moi, plus important que lui ? Moi d'abord, et les autres s'effacent.

Ce n'est pas le seul problème que posent les réseaux sociaux. Plus que le débat d'idées, ils imposent une sorte de validation sociale qui fait fi de tous les raisonnements. Je parlais de fragmentation. On peut aussi parler de polarisation et même de sécession mentale : on peut vivre dans la même société sans être du même monde. C'est la démocratie radicalisée, la nouvelle tyrannie des « faits alternatifs », des interprétations contradictoires à valeur équivalente. Les médias autoproclamés construisent des représentations du monde incontestables puisqu'indiscutables. Le citoyen finit par croire à la réalité qui lui convient. La tyrannie des algorithmes nous enferme dans nos convictions en ne nous proposant plus que ce qui nous convient et nous conforte. On reçoit ce que l'on cherche sans diversifier ses sources. On en a encore un bel exemple avec les anti-vaccins. Pour eux, les arguments scientifiques ne pèsent pas lourd face aux idées les plus fantaisistes véhiculées sur les réseaux qui nourrissent leur absence de pensée et d'analyse.

Ajoutons qu'à partir du moment où l'on rejette la connaissance, au motif qu'elle vient d'en haut, des élites, qui ne sont plus audibles, il ne faut pas s'étonner que le doute se nourrisse des affirmations de ceux que l'on considère comme plus proches donc plus crédibles.

Le fin du fin, on le trouve en Chine, où le Parti communiste a mis en place depuis quelques années un système de crédit social officiellement destiné à moraliser la société. Une sorte de « contrôlocratie » instaurée grâce à toutes sortes de paramètres liés à l'intelligence artificielle. Le paiement de ses dettes, par exemple ou le respect des contraintes sociales. Les données fournies par les Smartphones et les réseaux sociaux sont centralisées dans une sorte de fichier national de réputation. On y recense les bons et les mauvais points de chacun, dans le but officiel d'augmenter le niveau de vertu des citoyens et des entreprises. En cas de mauvaise note, il ne sera plus possible de prendre le train, par exemple, pour une période d'un an.

Faut-il s'en étonner et crier au scandale quand on sait que derrière tout réseau social se cache un « Big Brother » ? Et à ceux qui crient aux mesures liberticides dès qu'on leur impose une mesure de santé publique, comme le passe sanitaire par exemple, demandons-leur pourquoi ils se répandent du matin au soir sur les réseaux sociaux sans se rendre compte qu'ils se livrent corps et âme aux marchands de DATA en leur offrant la version intégrale de leur vie.

Une autre source d'interrogation concerne Twitter dont les hommes et femmes politiques usent et abusent, au point qu'un Tweet remplace aujourd'hui bon nombre de déclarations officielles. Le champion en la matière était l'ancien président des États-Unis, Donald Trump. Il en avait fait son mode de communication principal, l'expression de ses réactions à chaud et de ses outrances. Pour lui, une *fake news* n'était autre qu'une information qui échappait à sa propre vérité. Une information toujours simpliste, donc facile à croire et à répandre. Du pain béni pour tous les politiques.

En France, le phénomène gagne du terrain, au point que les élections se disputent aujourd'hui sur l'émotion plus que sur la raison, et se situent donc plus sur les réseaux sociaux que sur les marchés, tracts à la main. Un terreau parfait pour cultiver l'art du mensonge. Pour en revenir à l'ancien président des États-Unis, cette communication imprévisible échappait à toutes les règles, jusqu'à ce que le compte Twitter de Donald Trump soit suspendu, le 8 janvier 2021. Il était suivi par quatre-vingt-huit millions d'abonnés. Partout, des voix s'étaient élevées, y compris en France, pour dénoncer une atteinte à la liberté décidée par un membre de l'oligarchie numérique et non par un tribunal ou un État. Pas faux, mais où est passée l'autorité politique, issue des urnes, face à des sociétés privées juges et parties ? Je vous laisse en débattre. Pour moi, l'important était que cela cesse. La liberté de dire n'importe quoi, d'insulter, n'est encore une fois pas tolérable, d'autant plus quand on préside la première puissance du monde. Et surtout, les médias étaient-ils obligés de s'en faire systématiquement l'écho ?

Fort de ces constats, comment un journaliste professionnel dont le statut est défini par sa responsabilité plus encore que par son indépendance, peut-il s'accommoder de ce que véhiculent les réseaux ? Est-il coupable de flirter avec eux, lorsqu'il récupère une information ou une image mise en ligne pour la diffuser dans le journal ? Pourquoi se dispenserait-il de cette nouvelle source de reporteurs amateurs, dénichés sur la toile, justement ?

Je pense qu'il ne faut pas poser le problème en ces termes. Plus aucune grande chaîne ne dispose aujourd'hui des moyens suffisants pour tout couvrir. Ensuite, la généralisation des Smartphones capables d'enregistrer des photos ou des vidéos de qualité a changé la donne, qu'on le veuille ou non. Il n'est pas rare de voir des images amateur intégrées à un « sujet » dans le journal. C'est le cas lors d'évènements soudains : accidents, inondations, éruptions volcaniques, tempêtes, manifestations violentes, etc. Le temps d'aller sur place, c'est trop tard, il est impossible de couvrir l'évènement ou d'être partout à la fois. La télé, c'est d'abord l'image, faut-il le rappeler ?

En fait, la question n'est pas de les utiliser, mais de les authentifier. Dans le doute, on s'en passe. La sagesse est, comme toujours, la solution la plus radicale et la plus évidente. Il est tellement facile aujourd'hui de truquer une image pour la vendre. Si on connaît la source, on annonce qu'il s'agit de documents amateur, reçus en direct ou via une agence de presse. L'important est de n'être ni naïf ni rétrograde, mais toujours professionnel et responsable. J'ajoute que pendant la guerre en Ukraine, sans le recours aux images prises par les Ukrainiens sur le terrain, nous n'aurions pas eu le même niveau d'information sur les évènements, même si nos équipes étaient présentes et ont aussi pris d'énormes risques.

Faut-il tout dire et tout raconter ?

Une autre question m'occupe l'esprit en permanence. Un journaliste doit-il tout dire, tout montrer ? Est-ce que toutes les informations se valent, partant du seul principe que ce sont des faits ? Peut-on prendre la responsabilité de diffuser un évènement au seul motif que tous les autres le font ? Si tout le monde en parle, est-ce une raison suffisante pour se sentir obligé d'en parler aussi ? Jusqu'où est-on responsable de ce qu'on dit, de ce qu'on montre ? Je pourrais vous rapporter bon nombre de situations vécues. J'en choisirai deux, l'une très ancienne qui m'a marqué pour la vie, l'autre plus récente, à laquelle je pense souvent quand un cas similaire se présente.

Le 20 janvier 1970, j'étais élève au lycée Gaston-Berger à Lille. J'avais échappé à l'ambiance pesante de la famille pour vivre dans un foyer de jeunes travailleurs. C'était l'année du bac. Sous nos yeux effarés et horrifiés, Robert, 19 ans, élève de première, avait arrosé ses vêtements d'essence et y avait mis le feu dans un coin du terrain de basket. Il décéda peu après à l'hôpital. Quelques jours auparavant, Régis, 17 ans, s'était suicidé de la même manière à trois cents mètres de là, sur le stade du lycée Faidherbe voisin. C'était l'un des meilleurs élèves de la classe de première D.

Personne n'a compris les raisons de ces deux morts atroces. La fragilité, un contexte familial perturbé, une douleur cachée ? Ce n'étaient pas les premiers suicides dans ces deux établissements, mais les premiers de cette manière. Il est vrai qu'au milieu des années soixante, on avait assisté à une vague d'immolations chez les bonzes du Vietnam du sud et du Tibet, un mouvement de protestation contre la répression chinoise. Ils avaient déclaré se faire brûler dans l'espoir de donner une voix aux souffrances de leur peuple. Ces images de torches humaines avaient en partie été diffusées à la télévision, sans beaucoup de précautions. Je ne peux pas affirmer qu'il existait un rapport direct entre ces reportages et la volonté de mes camarades d'en finir de cette façon, mais je n'ai jamais trouvé d'autre explication quant à la méthode horrible employée.

Bien évidemment, les journalistes ont débarqué avec micros et caméras. Faute de pouvoir entrer dans l'établissement, ils étaient massés à la grille. On ne savait plus par où passer pour ne pas se faire accoster. Il n'était pas question que je réponde à la moindre question. Pour moi, la nécessité d'informer ne pouvait ignorer la décence et la pudeur face à la douleur des parents et le traumatisme qui nous frappait tous. En même temps, je comprenais leur besoin de recueillir des témoignages, des réactions. C'était donc cela, le métier de journaliste : une équation impossible à résoudre si l'on se met à la place de ceux qu'on interroge, si l'on partage leur émotion et qu'en même temps on doive rapporter des témoignages. L'affect, la compassion, l'empathie sont à proscrire. On se doit de garder ses distances avec le sujet, une certaine froideur, pour ne pas se laisser envahir par les sentiments. Je vais vous faire un aveu. Je crois que je n'y suis jamais arrivé, au point de ne jamais m'être senti « complètement journaliste ». Mais plus grave encore est la suite.

Dans les heures et les jours qui ont suivi, ces deux évènements tragiques ont occupé une bonne place dans les journaux, en particulier à la radio. Je revois les voitures de Radio Luxembourg en rouge, Europe n° 1 en bleu, Inter et toute la presse, alignées sur le chemin d'accès au lycée. La conséquence a été immédiate. Dans la semaine, une dizaine de suicides ou tentatives de suicidc par le feu ont eu lieu en France.

Qui en est au moins en partie responsable ? Je pense que la réponse s'impose d'elle-même. Nous n'avions pourtant que quelques radios, deux chaînes de télévision et pas l'ombre d'un réseau social à l'horizon. C'est la raison pour laquelle je réfléchirai toujours aux conséquences de ce que je montre. Je ne parlerai jamais des actes fous qui consistent à jeter des pierres du haut d'un pont d'autoroute par exemple. Je sais que je sèmerai l'idée dans d'autres esprits fragiles et que j'aurai ma part de responsabilité dans les accidents qui pourraient en découler.

Il faut reconnaître que l'ère des médias de masse a changé le seuil de la responsabilité ou de l'irresponsabilité. Dans son ouvrage *La Psychologie des foules*, le célèbre docteur Gustave Le Bon expliquait en 1895 que lorsque des individus sont réunis, ils ne raisonnent pas de la même manière que s'ils étaient seuls. D'où les comportements parfois irraisonnés des foules. Pour lui, si les foules sont peu aptes au raisonnement, elles sont au contraire très aptes à l'action. J'avais eu l'occasion, pendant mes études, de travailler sur cette thèse qui tend à démontrer que la somme des individus qui composent une foule est distincte du simple agrégat de ses individus. Peut-on appliquer ce raisonnement aux téléspectateurs, auxquels Gustave Le Bon ne pouvait faire référence à la fin du XIXe siècle ? Peut-on parler de foule, quand chaque individu qui la compose est séparé des autres, seul ou presque, chez soi, sans aucun contact avec ses « coparticipants » ? Gustave Le Bon répond : « Des milliers d'individus séparés peuvent, à certains moments, sous l'influence de certaines émotions violentes, un grand évènement national par exemple, acquérir les caractères d'une foule psychologique... La première suggestion formulée qui surgit s'impose immédiatement par contagion à tous les cerveaux et, aussitôt, l'orientation s'établit. »

À l'époque, la notion de seuil était limitée à quelques milliers de personnes. Le docteur Le Bon ne pouvait pas imaginer une foule de téléspectateurs de plusieurs millions d'individus, ni le poids des images dans le processus de persuasion. Aujourd'hui, le talent d'un orateur politique dans une manifestation ou une campagne électorale (vous voyez de qui je veux parler) n'a réellement d'écho que grâce aux médias qui créent l'effet de foule. Ce sont eux qui provoquent la « contagion », indépendamment des idées elles-mêmes. Encore une fois, en accord avec les thèses de Gustave Le Bon, la foule anesthésie la raison au profit de l'adhésion, voire de l'action.

Autre expérience marquante, beaucoup plus récente. J'étais déjà au 13 heures à TF1, c'était fin décembre 2002. Brigitte Boisselier, pseudo-scientifique française, membre de la secte Raël, annonçait avoir mis au monde un bébé obtenu par clonage. Branle-bas de combat dans toutes les rédactions. Mon Dieu, quel évènement ! En conférence de rédaction, le matin, je refusai catégoriquement d'en parler. Aucune publication scientifique en bonne et due forme n'avait été publiée. Aucun expert ne voulait commenter. Quant à la principale intéressée, elle refusait d'en dire plus et, surtout, je n'étais pas responsable de la communication des sectes.

En face de moi, un front commun pour me convaincre de faire un sujet, au motif que cette naissance marquerait l'entrée de l'humanité dans l'ère de la reproduction asexuée. L'enfant n'étant plus le fruit d'un père et d'une mère, mais la reproduction à l'identique de l'un des deux parents. Je tenais bon. De nombreux scientifiques nous mettaient en garde. Depuis la brebis Dolly, premier mammifère cloné de l'histoire, née en 1996 et euthanasiée en 2003, aucun progrès dans la production d'animaux transgéniques n'avait été réalisé. On avait aussi vite découvert que la notion de copie conforme d'un autre être vivant était fausse, la ressemblance étant moindre qu'entre deux vrais jumeaux. Pour être scientifiquement précis, il faut expliquer que ce « clonage » qu'on appelle reproduction asexuée se différencie de la reproduction dite sexuée dans laquelle l'ovule de la mère rencontre le spermatozoïde du père pour féconder un embryon. Dans la technique du clonage de Dolly, on avait récupéré une cellule des glandes mammaires de la brebis à cloner pour en extraire le noyau. C'est lui qui contenait tout son patrimoine génétique. Une fois extrait, il avait été injecté dans l'ovule d'une mère porteuse, dont on avait pris soin d'ôter son propre noyau pour ne pas mélanger les ADN. Précisons quand même que le 5 juillet 1996, à sa naissance, Dolly avait déjà 6 ans, l'âge du clone qui avait servi de modèle. Son vieillissement avait donc été très rapide.

Cette mise au point étant faite, il faut reconnaître que le clonage est une piste pour la recherche médicale, car il pourrait permettre de recréer des tissus ou des organes et remédier au manque de greffons ou au problème de rejet lors d'une greffe. Mais pour ce qui concerne le clonage humain, devant les questions de bioéthique qu'il pose, la France l'a purement et simplement interdit.

Si je fais ce rappel, c'est parce qu'à l'époque je m'étais plongé dans la question pour étayer ma position. Le journal se déroula normalement, jusqu'au moment où Catherine Nayl, la directrice de la rédaction, débarqua en régie pour essayer de me convaincre, dans un premier temps, et me contraindre, dans un second. Son argument majeur : on ne peut pas faire l'impasse, car tous les autres médias en parlent. Il fallait donc se comporter en mouton et cloner l'information à l'identique des « autres ». Une pression qui n'était pas dans les habitudes de TF1, mais je n'étais pas encore assez expérimenté pour lutter, et nous avons fait le service minimum. Aujourd'hui encore, je m'en veux d'avoir cédé, même en partie.

Par la suite, deux journalistes québécoises, Brigitte McCann et Chantal Poirier, ont réussi à infiltrer la secte canadienne dont le siège était dans la banlieue de Montréal. Ce qu'elles ont découvert était couru d'avance. Son fondateur n'était autre que Claude Vorilhon, un ancien journaliste sportif français qui se faisait appeler Raël. La naissance de Dolly lui avait donné des idées. Il avait compris qu'il y avait un coup à faire, en particulier autour de Noël, quand l'actualité est creuse. Il avait demandé à sa chimiste, Brigitte Boisselier, de tenter l'expérience. En vain bien sûr, jusqu'à ce qu'un autre escroc, un gynécologue italien, annonce être proche du but. Vorilhon avait donc décidé de le devancer en annonçant la naissance du bébé. Au sein de la secte aucune trace, aucune preuve d'une éventuelle naissance. Il s'agissait bien d'une supercherie qui, selon nos deux espionnes, faisait beaucoup rire Vorilhon et Boisselier. Je suis heureux de les avoir, moi aussi, amusé le temps d'un journal, quelque peu contraint et forcé.

Les belles années RTL

Après Radio Vaucluse, France Inter et France Info, mes quelque sept années passées à RTL m'ont fait aimer la radio, définitivement. J'avais retrouvé la tranche du matin et les journaux de 6 h 30, 7 h 30 et 9 heures. Dans l'équipe, un belge pointilleux, Thierry Wattelet, un vieux copain du service militaire futur directeur et depuis toujours déconneur, Jacques Esnous, et notre Cévenol national, Jean-Jacques Bourdin. J'étais le quatrième homme, le plus inexpérimenté aussi, il faut bien le reconnaître. Tous avaient commencé le journalisme après leurs études, au moins dix ans avant moi. Au cœur de la rédaction se trouvait le bureau du directeur de l'information, Olivier Mazerolle, un patron exigeant et direct, mais juste. Avec lui, les critiques ne tardaient jamais. Pas toujours facile à supporter, mais ô combien formateur. Plus haut dans les étages, le patron de la station, Philippe Labro. Réunion chaque jour à 17 heures dans son bureau pour parler de l'actualité, de la façon d'en rendre compte et débriefing des journaux du matin. Philippe écoutait tout.

Pourquoi à telle heure as-tu employé ce terme ? Il était inadapté. Pourquoi cette info en ouverture à 7 heures ? Ce n'était pas ce qu'il fallait faire. Leçon de journalisme, de français et surtout d'approche de l'actualité de la part d'un grand professionnel ouvert à toutes les formes d'expression, de la littérature, au cinéma, à la télévision. L'homme était précieux certes, et tellement élégant dans sa manière d'être, de penser et de transmettre son expérience unique. Son obsession de la rigueur et de la responsabilité m'a marqué à vie.

Je me souviens d'un incident un matin, avec Christine Bravo qui avait fait une chronique dans mon journal, chronique dans laquelle elle mettait en doute l'utilité de la prévention du cancer du sein. En principe, je n'avais pas à intervenir dans les choix de mes chroniqueurs, Jean-Pierre Coffe, Alain Duault, Alain Minc, Jean-Marie Pelt, Christine Clerc et Christine Bravo. J'étais quand même responsable de ma tranche d'information. J'aurais dû refuser cette chronique, au motif qu'elle était irresponsable, eu égard au problème qui frappe tant de femmes. La sentence ne s'est pas fait attendre. Une lettre manuscrite de Philippe me rappelant mes devoirs de journaliste et la copie de la lettre de licenciement de Christine. J'ai pris conscience qu'après cette chronique, si une seule femme avait cru bon pouvoir négliger de se faire suivre, j'en étais co-responsable. Ce sont des faiblesses qu'on ne se pardonne jamais, et qui vous marquent pour toujours. On n'est jamais à demi responsable. On l'est ou on ne l'est pas.

À la rédaction régnait une bonne humeur communicative. Une paroi vitrée nous séparait du studio. On pouvait suivre les émissions en direct, en particulier le journal de 18 heures de l'inénarrable Jacques Chapus, aujourd'hui disparu. L'archétype du journaliste baroudeur à l'ancienne. Rien ne lui faisait peur. Il avait tout vécu.

Il arrivait en studio une fiole de whisky à la main, qu'il posait au pied de son fauteuil et, il faut bien l'avouer, ses lapsus fréquents faisaient notre bonheur de galopins. Parmi les plus mémorables, cette interview de Serge Dassault, prononcé « Serge Dachau ». J'ai vu l'invité pâlir. Ce jour-là, il avait failli quitter le studio, mais avait compris qu'il n'y avait aucune intention malveillante de la part de Jacques. Il est resté un brin déstabilisé. Les exemples sont nombreux, du crash de l'*abribus A 320*, pour parler d'Airbus, au pape en visite à *Strasbourg-Saint-Denis* au lieu de Strasbourg tout court, en passant par un viol à Noisy-le-Sexe plutôt que le-Sec. Mais le meilleur s'est produit pendant la guerre du Golfe, au début de l'année 1991. Le président François Mitterrand donnait une conférence de presse régulière pour informer les Français de l'évolution de la situation. Ce jour-là, Jacques lance à l'antenne : « Et voici maintenant la conférence de presse du général de Gaulle ! »

On est tous restés estomaqués. Olivier Mazerolle est sorti en trombe de son bureau, il a couru en régie pour parler au micro d'ordres.

« Jacques, tu as dit général de Gaulle au lieu de Mitterrand.

– Ah, tu crois ? Bon, d'accord. »

La conférence de presse s'est terminée et Jacques, qui n'en ratait jamais une, a lancé de sa voix éraillée :

« C'était la conférence de presse du général de Gaulle. »

Cette fois, Olivier est resté dans son bureau, terrassé sans doute par le découragement. Avec le recul, je me dis que ces incidents somme toute folkloriques n'étaient pas si graves. Ils nous faisaient rire sans altérer l'information comme peuvent le faire les dérives d'aujourd'hui liées à l'ignorance et à la vulgarité.

Parmi tous les moments mémorables vécus à RTL à l'époque de la rue Bayard, je ne peux oublier cette matinale dantesque ! En mai 1993, j'étais à l'époque le journaliste animateur de la tranche matinale du week-end, et très souvent l'animateur du *Journal inattendu* le samedi à la mi-journée.

Depuis deux jours, une prise d'otages avait lieu à l'école maternelle du boulevard du Commandant-Charcot à Neuilly-sur-Seine. Erick Schmitt, un entrepreneur au chômage dépressif qui s'était fait appeler HB ou Human Bomb, retenait sous la menace d'un pistolet et d'une ceinture d'explosifs toute une classe d'enfants de 3 et 4 ans. Il réclamait cent millions de francs (quinze millions d'euros) et une grosse voiture pour pouvoir prendre la fuite. Il menaçait de faire sauter la salle. L'affaire avait été prise très au sérieux, car auparavant l'homme avait fait exploser plusieurs poubelles en y laissant volontairement sa trace. De nombreux médias couvraient l'évènement à coups d'éditions spéciales. Des journalistes campaient devant l'école. Dès le début, le jeudi, le RAID s'était positionné sur les lieux. Deux pères avaient tenté une négociation. En début d'après-midi, cinq enfants avaient été libérés. Nicolas Sarkozy, à l'époque maire de Neuilly, était entré en scène à 15 heures. Devant les caméras de télévision, il avait pénétré à sept reprises dans la classe pour négocier. Il était parvenu à faire sortir quatre enfants. Peu à peu, HB les avait relâchés, pour n'en garder que six. Avide de communication, il avait fait venir un journaliste de TF1, Jean-Pierre About. Pour Jean-Pierre, c'était un cas de conscience. Pour la sécurité des enfants, il fallait obtempérer et témoigner, mais fallait-il aussi faire le reportage de l'intérieur que tout le monde attendait ? À l'époque, la prudence était encore de mise.

Finalement, après deux jours de négociations et de tension sans dormir, le preneur d'otages avait montré des signes de fatigue. C'est alors que le RAID avait décidé de passer à l'action, après qu'on ait versé un somnifère dans l'un des cafés qu'on lui apportait régulièrement.

Nous étions en direct permanent, depuis l'aube de ce samedi 15 mai. Jean-Benoît Vion était sur place, avec d'autres reporteurs. Nous prenions bien garde de ne pas diffuser d'informations sensibles qu'Erick Schmitt pouvait entendre sur la radio qu'il s'était fait livrer. À 7 h 25, après avoir vérifié qu'il était bien endormi, dix policiers du RAID avaient pénétré dans la salle de classe. Huit d'entre eux s'étaient précipités sur les enfants et les avaient entraînés vers la sortie. Schmitt, qui commençait à se réveiller, nous avait-on dit, avait été tué de trois balles dans la tête, tirées presque à bout portant. Nous vivions ces évènements en pensant au désarroi des familles et à tous ceux qui s'étaient arrêtés de vivre pour suivre avec nous le dénouement cette angoissante affaire.

Je crois me souvenir que j'étais seul en studio. Mon rôle était d'orchestrer les équipes sur le terrain, sans être entouré d'experts comme on le fait aujourd'hui à la moindre interrogation : chefs de service de la Police et de la Justice, représentants de l'Éducation nationale, psychologues, anciens du RAID et autres spécimens de je-sais-tout. Priorité aux faits, rien qu'aux faits, sans élucubrations. Le même évènement aujourd'hui – et j'en ai vécu beaucoup à la télévision – aurait été traité différemment, avec des images en boucle et de doctes commentaires, plus ou moins éclairés, en plateau.

Ce samedi matin-là, l'édition, commencée à 6 heures, s'était éternisée jusqu'à au moins 11 heures. Jean-Benoît Vion était rentré à la station et était alors libre de révéler tout ce qu'il n'avait pas pu dire sur place. On a pu entendre les parents épuisés par la peur, les commentaires des enseignants, des autorités, des ministres : tout le monde pouvait enfin s'exprimer. Il était difficile de décrocher, comme on dit, d'une actualité aussi forte. Debout depuis 2 heures du matin, je commençais moi aussi à faiblir. Ce n'était pourtant pas faute de cafés, car la journée était loin d'être terminée.

À 12 h 30, je devais être à bord du premier TGV Nord, dont on faisait l'inauguration en grande pompe. Toute la rame avait été transformée en studio roulant. À bord, des personnalités du Nord, le PDG de la SNCF, que je devais interviewer, le célèbre chef d'orchestre Jean-Claude Casadessus, et tant d'autres invités prestigieux. Nous étions attendus une heure plus tard – le temps d'aller à Lille à près de 300 kms/heure – sur le quai de la gare de Lille Flandres par le maire, Pierre Mauroy. Pour que ce *Journal inattendu* exceptionnel puisse être diffusé en direct, un avion relais nous escortait, avec les moyens mobiles au sol sur le parcours. Un dispositif digne du Tour de France. Pour ma part, j'avais le sentiment de vivre un marathon. Porté par l'adrénaline du direct, le journal s'est bien passé. Mais pendant le déjeuner qui a suivi, c'est tout juste si je voyais Pierre Mauroy, en face de moi à table, nous raconter des anecdotes politiques croustillantes sur son passage à Matignon. J'avais le nez qui tombait dans l'assiette. Pour me réveiller, j'avais fait le retour à Paris dans la cabine du conducteur, avec une petite pointe à plus de 350. Je peux vous dire que c'est impressionnant !

RTL : les années bonheur, entre les matinales et le *Journal inattendu* que j'adorais présenter. Un moment d'information unique guidé par le regard extérieur d'une personnalité autre que journaliste. Certes, elle se prêtait plus ou moins au jeu. Certaines avaient à cœur de préparer leur participation dans la semaine. J'allais parfois chez elles, comme chez Josiane Balasko. D'autres s'imprégnaient de l'actualité pour paraître informées. Avec Serge Lama, on a encore franchi une étape : il a commencé le journal en expliquant que je n'étais pas là, qu'on me cherchait partout dans la station. Il allait devoir se débrouiller seul. La direction l'a cru et n'a pas apprécié qu'on prenne les choses autant à la légère. À l'époque, on osait davantage, mais il ne fallait quand même pas pousser le bouchon trop loin. Pour être inattendu, il était inattendu, ce journal !

Mon seul mauvais souvenir, je le dois à Coline Serreau, venue à l'occasion de la sortie de son film *La Crise*. On ne pouvait pas trouver meilleur titre pour ce qui allait arriver. Dès qu'elle est entrée dans le studio, j'ai senti qu'il y avait un problème. Elle était fermée, m'a à peine dit bonjour. Elle s'est installée à la table, à ma gauche, la place réservée au rédacteur ou à la rédactrice en chef du jour. Son attachée de presse s'est mise dans les canapés, au fond, à l'arrière. Mais au lieu de se placer face à moi, Coline

Serreau m'a tourné le dos. Pas facile, pour communiquer et pour parler, quand on a les micros derrière soi. Que se passait-il ? Pourquoi une telle attitude ? Je ne lui avais pas parlé en direct les jours précédents. Je n'avais eu que cette attachée de presse qui, visiblement, n'en menait pas large. J'ai demandé à Coline Serreau de bien vouloir se retourner, nous allions commencer.

Générique : « J'ai le plaisir d'accueillir aujourd'hui la réalisatrice, Coline Serreau, rédactrice en chef de ce *Journal inattendu*, à l'occasion de la sortie de son film *La Crise*… »

Elle ne bronche pas, toujours de dos.

« Bonjour Coline Serreau. »

Pas de réponse.

« Un petit problème de micro. On va arranger ça. »

Dans ces cas-là, on fait comme on peut et on dit ce qu'on peut…

Pas d'autre choix que de résumer l'histoire à sa place. Heureusement, l'adorable Vincent Lindon, qui interprétait le rôle principal, était venu accompagner la réalisatrice. Je me lance : « Il s'agit donc d'un brillant conseiller juridique parisien interprété par vous, Vincent Lindon. Merci d'être là. Il se réveille un jour pour apprendre successivement deux mauvaises nouvelles : sa femme le quitte et le patron du cabinet où il travaille le licencie. Totalement bouleversé, il cherche du réconfort auprès de ses amis et de sa famille. C'est bien résumé, Vincent ? »

Très mal à l'aise, Vincent joue les bons samaritains. Il se met à parler du film et de son rôle avec force détails, histoire de gagner du temps.

Nouvelle tentative de ma part :

« On dit déjà, Coline Serreau, que ce film mériterait un ou plusieurs Césars (elle ne bronche toujours pas)… En tout cas, une savoureuse comédie, n'est-ce pas Vincent ? »

Le pauvre était plus tétanisé que moi devant l'attitude inadmissible de la réalisatrice. Il s'est comporté ce jour-là en maître-nageur sauveteur, devant un présentateur au bord de la noyade.

La moutarde commençait quand même à me monter au nez. Il fallait mettre un coup d'arrêt à cette situation dangereuse pour la suite du journal. D'autant qu'on était ici, sur RTL, pour faire la pub de son film ! De rage, je me suis tourné vers elle :

« Coline Serreau, vous avez visiblement décidé de ne pas répondre à mes questions. Vous étiez pourtant d'accord pour participer à ce journal et parler de votre film. Je ne sais pas ce qu'en penseront les auditeurs, qui sont sans doute choqués par votre attitude ! »

On ne pouvait pas faire plus direct, comme attaque. La réaction a été immédiate. Elle s'est tournée d'un coup, plus gênée que vexée par la contre-publicité que j'étais en train de lui faire, sur la première radio de France, faut-il le rappeler.

« Excusez-moi. C'est un malentendu. On m'avait dit que cette interview ne durerait que quelques minutes, pas un journal d'une heure. Je vais vous parler du film, qui me tient à cœur plus encore que les autres… »

Rien selon moi qui pouvait justifier un tel comportement. Je mourais d'envie de lui faire payer son attitude en l'ignorant à mon tour et en ne lui posant plus aucune question. Heureusement, le professionnalisme l'a emporté. Dans le canapé du fond, l'attachée de presse responsable de la situation s'était liquéfiée, plus rouge que le velours des coussins aux couleurs de RTL.

J'imagine le règlement de comptes à la sortie… En attendant, grâce à l'adorable Vincent Lindon dans un premier temps, et à mon coup de gueule dans un second, on avait sauvé ce journal très, très inattendu.

L'obligation de maîtriser le français

Revenons à ce qui me tient profondément à cœur et me scandalise au quotidien. L'illettrisme généralisé. Depuis bientôt un demi-siècle, les militants de la bonne pédagogie prônent tour à tour la méthode syllabique ou la méthode globale pour l'enseignement de la lecture, donc de l'écriture, aux enfants. La base pour s'insérer dans la vie.

Sans entrer dans le débat qui oppose l'une et l'autre méthode, et n'étant pas pédagogue, je ne peux que me fier aux études réalisées de manière scientifique et indépendante dans les deux camps. Il en ressort que le b. a.-ba de la méthode syllabique, qui passe par les sons plutôt que par la mémoire visuelle analytique, est nettement plus efficace pour apprendre durablement et correctement à lire. En plus d'apporter autonomie et confiance, cette méthode, qui est la plus ancienne, permet d'allier la lecture et l'orthographe. Un enfant qui connaît bien les phonèmes et les graphèmes aura plus de facilité à les reproduire à l'écrit. Il sera capable d'associer son et graphie[1].

---

1. Source :Pass Éducation – http://www.pass-education.fr/

Le 23 août 2017, dans *Le Nouvel Observateur*, Jean-Michel Blanquer, alors ministre de l'Éducation nationale, déclarait d'ailleurs : « On s'appuiera sur les découvertes des neurosciences, donc sur une pédagogie explicite, de type syllabique, et non pas sur la méthode globale, dont tout le monde admet qu'elle a des résultats tout sauf probants. »

Des propos qui avaient réveillé les vieux blocages des syndicats d'enseignants politisés et peu réceptifs à toute remise en question de leurs méthodes. Bon, d'accord, si vous avez lu les pages qui précèdent, vous savez que je ne suis pas complètement objectif en la matière… Des réactions, en tout cas, qui renvoient aux critiques lancées contre Gilles de Robien, autre ministre de l'Éducation en 2006. Il avait carrément interdit la méthode globale.

À ce débat, en partie idéologique, il faut ajouter un autre problème, celui du temps consacré à l'apprentissage de la lecture et de l'écriture au CP, puis en français au collège. Depuis 1975, il n'a cessé d'être réduit au profit d'autres compétences. C'était oublier que les apprentissages fondamentaux non acquis ne se rattrapent jamais. Quelques-unes des « autres compétences » auraient pu attendre. Voilà pourquoi, jusque dans l'enseignement supérieur et dans les médias, la maîtrise du français est aujourd'hui plus qu'hasardeuse.

Ce qui m'intéresse ici, dans ce débat, ce sont les conséquences de la suprématie dans les années soixante-dix à deux mille, de la méthode globale et ses dégâts sur toute une génération. Au risque, que j'assume, de passer pour le grincheux de service, je dois avouer qu'il ne se passe pas un journal sans que mes cheveux ne se dressent sur ma tête. Il y a d'abord l'ignorance de l'orthographe dans ce qu'on appelle les « synthés », ces textes de présentation d'une personne qui apparaissent brièvement à l'écran et qu'on ne prend pas suffisamment la peine de vérifier – et à la condition que celui ou celle qui vérifie soit lui-même ou elle-même compétent.

Le plus agaçant est l'insensibilité à toute forme d'élégance du langage. Cette élégance des mots doit guider notre oreille tout autant que la connaissance du Bescherelle. Dans la mesure où l'on ne sait pas si cinq cents prend un s, comme je viens de l'écrire, on ne prend plus de risque, on ne fait plus la liaison, ce qui est très laid : « cinq cent (h)euros ». En revanche, combien de z à quatre, cent ou mille (« quatre ou cent (z)amis » ou « mille (z)idées »). Normal, pensent-ils, puisqu'il y en a beaucoup. Merci, la méthode globale. Une langue, c'est d'abord une musique. Quand on a appris à l'aimer, on repère tout de suite les fausses notes. Pas besoin de connaître le solfège.

Ajoutons maintenant toutes ces modes ou tendances, souvent d'origine anglo-saxonnes, qui aboutissent à l'emploi de « depuis », qui exprime une durée, pour faire référence à un lieu. La faute est devenue si courante qu'elle est la règle, et je dois être le seul qui résiste encore pour lancer un duplex *de* l'Élysée où le gouvernement est réuni *depuis* une heure ou *depuis* quinze heures par exemple.

La liste est trop longue pour être exhaustive. Elle s'ajoute au laxisme sur le sens précis des mots. La culture de l'à peu près. En vrac : « malgré que » au lieu de « bien que », « au jour d'aujourd'hui » alors qu'« aujourd'hui » suffit, « au final » plutôt que « finalement » ou, plus chic, « *in fine* », « quarantenaire » au lieu de « quadragénaire », « la voiture *à* mon père », beaucoup plus laid que « la voiture *de* mon père », « j'amène le dessert », et non « je l'apporte », « j'habite *sur* Paris » : « *à* Paris » est plus réaliste, à moins de voler comme un oiseau et j'ajouterai pour finir ces fautes que les plus grands de nos politiques commettent souvent : « nous sommes convenus » et non pas « nous avons convenu ». C'est le verbe être qu'on emploie. Même flottement autour du pronom « lequel ». Plus personne ne sait l'accorder, et on entend dire à longueur d'ondes : « les débats dans *lequel* » au lieu de « lesquels » ou « cette pièce dans *lequel* » au lieu de « laquelle ». C'est le seul pronom qui ne soit pas invariable alors, de grâce, accordons-le. La musique de la phrase n'en sera que plus belle.

Autres dérives récentes, qui prouvent une fois encore que le langage est devenu approximatif, l'utilisation indifférenciée de la préposition « en » a la place de « à (la) ». En mairie, en intérieur, en extérieur, en vélo, etc. Ce que je trouve très laid. Ou encore, la confusion fréquente entre « qui » et « qu'il » alors qu'il n'y a pas de sujet qui se rapporte à ce « il ». Enfin – et je cesse de répandre mon fiel –, tous les sons « é » sont aigus. Fini les nuances entre les accents graves, les *et*, *ai*, *ay*, *er*, *ez*, etc. « Tout é parfé é me plé en ce mois de mé. »

Enfin, pour faire chic, surtout si on traîne une pointe d'accent, il est de bon ton de transformer les « a » en « é » pour parler plus pointu. C'est ainsi que « je vous embrasse » devient « je vous embrésse ». Non, je ne vise personne… Pourquoi ? Vous pensez à quelqu'un ? Je referme le paragraphe.

Un conseil, quand même, allez tout de suite acheter les ouvrages de Muriel Gilbert, correctrice au journal

Le Monde et chroniqueuse sur RTL le week-end. Ses *Bonbons sur la langue* sont un délice à faire fondre tous les amoureux du langage.

Jean-Pierre Pernaut : « *The Roc* »

Je n'ai jamais oublié ce jour de 1997 où Robert Namias, alors directeur de l'information de TF1, m'a appelé. J'étais au pied du kiosque à journaux, en bas de l'avenue de la Grande-Armée, que je m'apprêtais à traverser pour prendre le métro. Je ne m'y attendais pas. Depuis quelques mois déjà, j'avais acquis une petite notoriété en présentant l'émission *Plein les yeux* avec ma complice Carole Rousseau, les vendredis ou samedis soir, en *prime time*. Un gros succès d'audience. Une catastrophe en termes d'image. Un journaliste qu'on croyait sérieux, qui se commettait dans le divertissement, quelle honte ! Jusqu'au journal *Libération* qui a vu en moi « un sous-Pascal Sevran ». Mais pour les patrons de TF1 habitués au lynchage médiatique, j'avais franchi un stade, qui me faisait entrer dans la caste des présentateurs. Aujourd'hui encore, aux intégristes de la carte de presse, je réponds que, pour moi, il n'y avait pas de mélange des genres, dans la mesure où l'émission était à base d'images puisées dans les journaux télé du monde entier, et qu'avec Carole nous la présentions avec une rigueur toute journalistique, l'humour et la bonne humeur en prime. Malheureusement, en France, l'épaisseur des œillères bloque tout esprit d'ouverture.

Puisque Thomas Hugues avait décidé de quitter la chaîne et la fonction de joker du 13 heures, la direction de TF1 a pensé à moi, sans doute dans l'urgence. La succession n'a pas été facile, car Thomas avait la confiance du *boss* en tant que journaliste, mais il souffrait d'un défaut majeur, sa menaçante jeunesse.

Ce n'était pas mon cas. Je n'avais que dix mois d'écart avec Jean-Pierre. J'étais donc moins susceptible de convoiter sa place. De toute façon, les choses avaient été très claires dès le départ : « Je veux que notre tandem dure le plus longtemps possible. Je ne veux pas te voler ton fauteuil, seulement te l'emprunter de temps en temps, et te le rendre aussi propre que je l'ai trouvé en arrivant. »

Pendant de nombreuses années, j'ai eu un point commun avec Jean-Pierre : journaliste et animateur à la fois. Pour moi *Plein les yeux*, pour lui *Combien ça coûte*. Même chaîne, même journal, même statut. Une singularité dans le paysage audiovisuel, qui nous faisait passer aux yeux des purs et durs pour des journalistes pas complètement dans les clous.

Depuis sa récente disparition, le 2 mars 2022, on m'interroge souvent sur l'homme et nos relations. Ma réponse est immuable. Dans la mesure où je le remplaçais, on se voyait peu. On se croisait. Lui partait le vendredi, j'arrivais le lundi. Je partais le vendredi, il revenait le lundi, et ainsi de suite. On se voyait quand même lors de mes passages à TF1 pour parler de la chaîne, du journal, des partants, des nouveaux. Toujours un peu ronchon, le Jean-Pierre, toujours dans le conflit, en parole et parfois en action dès qu'on touchait à *son* journal ou à *ses* correspondants.

Il faut, je crois, distinguer l'homme du journaliste-présentateur. Tous les présentateurs, comme moi, ont un jour hérité de la fonction, et se la sont appropriée, autant que faire se peut, ne serait-ce que par obligation de responsabilité. Jean-Pierre a mis au monde son journal, l'a élevé, fait grandir, parfois vieillir. Il ne l'a jamais lâché, même absent. Les vacances l'ennuyaient. Il en prenait pour faire plaisir à sa famille. Dès qu'il rentrait, il jubilait de reprendre les choses en main, comme si le JT s'était ennuyé de lui. Je me suis souvent demandé si c'était de la passion ou de l'immaturité, comme un enfant qui ne peut se passer de son doudou. Un peu les deux, sans doute.

On a tous des forces et des faiblesses derrière ces paradoxes. Jean-Pierre avait un sens inné et profond de ce qui est populaire dans le sens authentique et noble du terme. Ses racines picardes affleuraient en permanence. Il avait fini par appartenir aux téléspectateurs, non pas comme une star qu'on adopte, mais comme un membre de la famille qu'on aime bien, avec ses qualités et ses humeurs. Aucun homme de télévision n'a, à mon sens, réalisé un tel exploit de popularité vraie.

Toute médaille a son revers. Il avait parfois poussé jusqu'à l'obsession ce sens populaire pour s'attacher à un mode de vie figé. Son monde à lui ne devait pas évoluer, tout comme son journal. En bon gardien du temple, il ne supportait pas la contradiction, ni les remises en question. Même quand on a presque toujours raison, on a parfois tort. Il faut l'accepter.

Soyons francs. Avoir été son joker pendant vingt-quatre ans, sans un seul accrochage sur le plan éditorial, est une fierté. Je sais que parfois l'envie de commenter mon journal le démangeait. Il ne s'adressait jamais à moi en direct. Les rédacteurs en chef ont toujours su ménager nos susceptibilités, sauf une fois. C'était pendant le premier confinement du COVID, le plus difficile à vivre.

Jean-Pierre avait déjà révélé qu'il souffrait d'un cancer de la prostate. À 70 ans, il faisait partie des personnes à risque. À cette époque, il n'y avait pas encore de vaccin et les décès se comptaient par milliers. La décision avait été prise de l'écarter de l'antenne pour qu'il ne vienne pas baigner dans la rédaction, où les cas de contamination étaient déjà nombreux. On a donc fait appel à moi. Logique pour un joker officiel, même si j'avais le même âge que lui à dix mois près. Mais j'imagine que j'étais moins à risque. On vivait tous masqués, sauf sur le plateau au moment du journal. Je me souviens que la possibilité de présenter le journal avec le masque avait été sérieusement abordée. J'avais le sentiment de vivre, en soldat, une sorte de guerre bactériologique.

C'était mal connaître Jean-Pierre que de croire qu'il allait se laisser mettre à l'écart aussi facilement. Il avait le sentiment d'être exclu de son JT, alors qu'il se sentait en pleine forme. On lui a donc installé un mini-studio automatique à domicile. Il s'asseyait devant la caméra, tel un correspondant, pour faire sa chronique quotidienne de la vie d'un confiné. Une faveur qui nécessitait quelques réglages quotidiens avec la régie et la rédaction, et un caprice coûteux en temps. Il voulait garder le premier rôle et sollicitait l'équipe plus que nécessaire, alors que les journaux représentaient déjà une performance chaque jour. De mon côté, je ne savais jamais de quoi il allait parler. Il rechignait à partager. C'était son mini-journal dans le journal. Sauf que c'est nous qui prenions les risques pour lui.

Cette situation unique a fini par révéler toute son ambiguïté. Il voulait de plus en plus prendre la main sur l'ensemble du journal. Des éditions d'une heure, dans lesquelles on ne parlait plus que du COVID, avec des invités à distance, médecins, élus, témoins, qu'on ne pouvait pas faire venir en plateau pour cause d'épidémie. Un cauchemar. Il faut savoir que dans toute liaison en duplex, comme on dit, il y a une phase de latence entre les questions et les réponses. Impossible de relancer la personne, qui ne vous entend qu'après quelques secondes, et qui continue à parler en même temps que vous. Une source de cafouillages insupportable pour le téléspectateur, comme pour le présentateur.

Peu à peu Jean-Pierre commença à reprocher aux rédacteurs en chef, Jean-Christophe Geffard, Lionel Charpentier ou Caroline Henry, leurs choix d'ouverture, leurs sujets, leur conducteur (c'est-à-dire l'ordre des sujets dans le journal). Sans être au courant, je sentais bien le malaise qui s'installait dans l'équipe, qui voulait me protéger sachant que je ne supporterais pas cette situation. Je commençais quand même à bouillir intérieurement, jusqu'au jour où j'ai éclaté, rassemblé mes affaires et repris le chemin du parking et de ma voiture. Puisqu'il voulait faire le journal à ma place, qu'il vienne le faire !

J'ai appris par la suite qu'avec ce mini-studio à domicile, ce n'était pas la « Chronique d'un confiné » qu'il envisageait de faire, mais bien le journal tout entier, son amour, sa passion, sa chose, sa vie. Le pauvre Jean-Christophe m'a couru après dans les couloirs jusqu'au sous-sol. Je suis revenu, bien sûr.

Il n'y a pas d'aventure humaine sans incidents, surtout quand les tempéraments sont forts. Là où Jean-Pierre Pernaut aura réussi le pari de l'après-Mourousi, c'est en répondant au besoin de reconnaissance de la « Province » dans les années quatre-vingts, en résistant au parisianisme ambiant qui a fait de lui le défenseur des traditions oubliées, et en finissant avec le renouveau des valeurs rurales que l'on constate aujourd'hui.

Il y a un signe qui ne trompe pas. Il était proche de son public au point que Monsieur Pernaut était devenu Jean-Pierre, voire « notre Jean-Pierre ». Le 13 heures lui appartenait. On ne disait pas : « je regarde le 13 heures », on disait : « je regarde le journal de Pernaut » ou « de Jean-Pierre ». Et lui appartenait aux téléspectateurs fidèles qui lui pardonnaient ses quelques prises de position parfois caricaturales.

En vérité, il était le digne et dernier représentant d'un journalisme incarné et personnalisé à l'extrême. Un journalisme qui n'existe et n'existera plus. Pas facile de lui succéder. Je ne pense pas à moi, qui n'ai jamais eu cette ambition, mais à Marie-Sophie Lacarrau. Faire du Pernaut aurait été pour elle aussi impossible qu'absurde. Faire de l'anti-Pernaut, suicidaire. La vraie difficulté et le défi actuels sont de garder la ligne éditoriale du journal, en le détachant de l'ombre de son présentateur emblématique, qui continue à planer sur l'équipe comme sur ses principes.

Jean-Pierre Pernaut avait son fidèle public de séniors. Doit-on les abandonner ? Certainement pas. Comment conquérir les jeunes, plus très accros à la télévision et encore moins au journal télévisé ? Bonne question.

Je n'envisage qu'une piste. La famille. Ce lieu de rencontre et d'échange entre les générations, cette cellule de base malmenée mais indispensable. Cette famille qui souvent souffre et s'interroge, où l'on se sent parfois déclassé, comme on l'a déjà dit, mais ensemble. Ce public est largement majoritaire aujourd'hui en France. Il a besoin de considération, d'un nouveau soutien que le 13 heures peut lui apporter de manière intergénérationnelle. Cela suppose encore plus de proximité, de partage.

La vie dans les EHPAD est importante ,mais les EHPAD ne sont pas toute la vieillesse. L'école est incontournable, mais elle n'est pas toute l'enfance. Le travail est indispensable, mais il n'est pas toute la vie. Les week-ends ne sont pas que pour les Parisiens, les vacances non plus. Qui sont ces familles qui ne partent pas ? Des oubliés qu'on doit faire rêver avec la vie des autres ? Il y a des quotidiens qui ne trouvent pas forcément leur inspiration dans les promenades sur la Côte d'Azur, la plage, les terrasses, les marchés et le beau temps. Des vies qui ne se résument pas à la difficulté de supporter les prix qui augmentent. Le fossé entre urbains et ruraux est-il toujours autant d'actualité ? Le curseur est-il encore au bon endroit ? Autant de questions auxquelles notre journal devra réfléchir.

L'exemple des marchés est pour moi le plus révélateur de ce qu'incarnait Jean-Pierre Pernaut, de ce qu'il a imaginé et qui doit subsister en s'adaptant, sans doute, à un public plus jeune. Avec sa fibre populaire, Jean-Pierre avait eu très tôt l'intuition que les marchés étaient des lieux de consommation certes, mais aussi de rencontres, d'échanges, de convivialité uniques. Il en avait fait ses lieux de reportage favoris. Illustrer la météo, c'était sur un marché, interroger les passants sur un sujet quelconque, il fallait le faire sur un marché. Dans l'absolu, il fallait presque qu'il y ait un marché dans chaque édition. Cela participait de la couleur du journal, de sa proximité. Une vision parfaitement juste. À tel point qu'avec Jean-Christophe Geffard l'idée a germé de lancer l'opération du « plus beau marché de France » basé sur les votes des régions avec l'appui de la presse quotidienne régionale. Génial. Et quel succès ! Aujourd'hui l'opération se poursuit avec le même enthousiasme, sans la star que chaque lauréat se réjouissait d'accueillir à l'occasion d'un journal sur place. Un symbole du mode de vie à la française qui doit continuer avec Marie-Sophie pour entretenir ces petits chauvinismes bien franchouillards tellement sympathiques, mais peut-être à rafraîchir.

Ce qui nous a réunis, Jean-Pierre et moi, pendant vingt-quatre années de journal commun, malgré toutes nos différences et l'absence totale de proximité dans la vie, c'est justement ce refus des mondanités et du parisianisme. Rats des champs plutôt que rats des villes. Même amour du public. Même fibre populaire et même sincérité à l'antenne. Il aura quand même été la dernière star des journaux télévisés français.

LCI.
À l'épreuve de l'invité mystère

Mon arrivée à LCI quelques mois avant son lancement en 1994 n'a pas été facile. Confortablement installé à RTL – une maison qu'on ne quitte pas, m'avait dit Philippe Alexandre, célèbre interviewer politique – j'avais peu de raisons d'aller voir si l'herbe était plus verte ailleurs. Après tout, j'avais réalisé plus que mon rêve : faire de la radio, et qui plus est animer une tranche matinale sur la première radio de France. Recevoir un bâton de maréchal n'a jamais été mon truc. Je pense sincèrement que le jour où on se croit installé, on s'appauvrit et on vieillit.

J'avais seulement oublié un élément capital. Jérôme Bellay, le créateur de France Info qui m'avait fait confiance en me prenant dans son équipe, m'avait certes tout appris, mais il souffrait d'une particularité : tous ceux qui ne le suivaient pas n'étaient plus ses amis. En quittant France Info et France Inter pour RTL, je l'avais, d'une certaine façon, abandonné, trahi. Une méprise qui a failli me coûter mon recrutement à LCI.

Pourquoi lâcher la proie pour l'ombre, comme aurait dit Jean de La Fontaine? On ignorait tout de ce LCI, puisqu'aucun modèle n'existait en France. France Info était un succès, mais la télévision est autrement plus compliquée à gérer que la radio, à cause de l'image, tout simplement. J'avais besoin d'un nouveau défi. J'étais trop bien à RTL pour envisager d'y rester jusqu'à la fin de ma carrière. C'est tout le paradoxe qui m'a toujours fait préférer l'inconnu, forcément risqué, au confort assuré.

Tout naturellement, j'ai appelé Jérôme Bellay, qui était à Lyon à l'époque, je crois. Il a tardé à me répondre. À ma grande surprise, j'ai dû insister. J'ai senti à l'entendre qu'il n'était pas chaud pour me prendre dans l'équipe de la future LCI. Ses arguments ne tenaient pas la route. Je ne l'ai pas lâché. Je l'ai appelé toutes les semaines. On se connaissait. Il m'avait fait doublement confiance en me proposant d'ouvrir l'antenne de France Info puis, la matinale remaniée à la sauce info de France Inter. Qu'est-ce qui pouvait bloquer, sept ans plus tard ? J'ai compris bien après que je n'étais tout simplement pas resté auprès de lui comme un lieutenant fidèle, ce qu'Yves Calvi avait su faire et pas moi. J'ose dire qu'il lui doit sa carrière, tout son talent mis à part. Il fallait donc me réintégrer dans son cercle intime. Ce ne fut pas une mince affaire. Un casting face caméra a ôté tous ses doutes.

Avec l'intelligence qui le caractérise, Jérôme Bellay a eu au moins deux idées géniales. D'abord, constituer des tandems de présentateurs sénior-junior. On était face à face. Le sénior, dont j'étais, préparait le journal de l'heure. Le junior, celui de la demie. On dialoguait, on échangeait, on s'aidait, on se conseillait. L'autre idée géniale, quand on crée une chaîne tout-info, était de se dire qu'avant de l'alimenter avec des reportages coûteux, le mieux était d'informer toutes les demi-heures et entre les deux mettre en perspective, décrypter, débattre avec des *talk-shows*, autrement dit des plateaux d'invités. Pour Jérôme, faire parler des gens et les filmer, c'était déjà de la télé, et pas chère en plus. Toutes les chaînes info ont depuis repris le même principe, en l'enrichissant bien sûr.

LCI à ses débuts était installée dans une tour de la rue Olivier-de-Serres dans le 15e arrondissement, juste en dessous du ministère des Sports. Ne pas partager les locaux avec le paquebot TF1 nous offrait une grande liberté, avec un peu d'arrogance. On allait tuer le 20 heures, c'était sûr. Ce fut une aventure comme on en vit rarement dans une carrière. On a travaillé comme des fous, alors que de l'autre côté de Paris, on ne nous captait même pas. Là n'était pas la question. On avait la certitude de vivre une expérience unique : la première chaîne tout-info à la télévision. Journalistes, nous l'étions sans doute. Équilibristes, c'est sûr. À chaque jour sa surprise. Une lumière qui se décroche des cintres et s'écrase au sol en plein journal. Une chaise réglable en hauteur qui descend toute seule. De la tête du présentateur (moi), on ne voyait plus que les cheveux. Des invités qui se demandaient ce qu'ils faisaient là et qu'il fallait faire parler pendant près d'une heure. Il est vrai qu'on en « consommait » tellement, que toute personne légèrement spécialiste de quelque chose était bonne à interviewer. Des fous rires en cascade, en particulier celui de Bernard Briançon à propos des inondations en Moldavie, où le niveau de la rivière Prout s'était élevé de cinq mètres en quelques heures. Malgré les cinquante victimes, toute la rédaction autour du plateau avait explosé de rire. Le pauvre Bernard n'a jamais pu reprendre son sérieux. La séquence a été diffusée des centaines de fois dans tous les bêtisiers de la terre.

Pour ce qui me concerne, je voudrais vous raconter un numéro de vol libre totalement improbable et aussi une rencontre qui m'a marqué à vie. J'étais le présentateur sénior de la mi-journée. J'avais donc en charge plusieurs éditions et deux invités chaque jour, pendant dix-neuf minutes chacun. Ils se succédaient à l'antenne. Murielle Delacroix, l'assistante de la tranche, était chargée de les recruter avec l'aide de Jacques Collet, un ancien de la Une reconverti à LCI. Travail ô combien difficile, dans une chaîne pas encore connue et regardée par quelques milliers de curieux, journalistes pour la plupart.

Ce fameux jour, j'étais en train de questionner le premier invité et je savais que le suivant n'était toujours pas calé. Je pensais qu'on me glisserait un papier avec son nom et sa qualité. On travaillait sans filet, à l'époque. Je tenais bon, quitte à reformuler des questions déjà posées, le temps de voir arriver le second invité. Je commençais à être à court d'idées lorsque j'entendis dans l'oreillette un crachouillis de mots incompréhensibles, et l'ordre de « meubler », face caméra, le temps d'enlever sans ménagement la personne en place et d'installer sans plus d'égards la suivante. C'était reparti pour un tour de dix-neuf minutes avec en face de moi quelqu'un dont j'ignorais tout : son nom, sa fonction, sa raison d'être sur le plateau. C'était sans doute les informations qu'on croyait m'avoir délivrées dans l'oreillette sans se rendre compte que ce n'était que de la bouillie inaudible. En direct, pas question de dire : « Vous pouvez répéter ? J'ai mal compris », ni de faire un geste désespéré pour qu'en régie on s'inquiète. Un grand moment de solitude. C'est toujours dans ces cas extrêmes qu'on trouve le semblant de solution qui empêche la noyade. Je connaissais les grands titres de l'actualité, puisque je venais de présenter le journal. J'ai donc entrepris de faire réagir mon invité-mystère en évoquant chacun des thèmes, sans poser de question précise, mais en sollicitant une réaction, et j'observais son regard, jusqu'au moment où je l'ai senti à l'aise, bien au fait du sujet. Il s'agissait du Rwanda en plein génocide. Je l'ai donc emmené sur ce thème. Plus on évoquait les besoins humanitaires, plus il avait de choses à dire. J'étais sur la bonne piste, et plus à l'aise moi aussi. L'entretien s'est ainsi terminé beaucoup mieux qu'il n'avait commencé, mais toujours de façon anonyme. J'ai appris après coup qu'il s'agissait du président de Pharmaciens sans frontières. Je n'étais pas tombé loin.

À LCI, on avait mis en place deux émissions qui me tenaient à cœur. D'abord *La Vie des idées*. Après avoir donné la parole aux spécialistes, chroniqueurs, éditorialistes et politiques de tous poils, il nous était apparu intéressant de convoquer les philosophes. Non pas pour « philosopher » au sens scolaire et universitaire du terme, mais pour qu'ils portent un regard différent sur l'actualité. Avec un peu plus de hauteur de vue. Un regard souvent décalé, mais qui ouvrait l'esprit. Un jour de Pâques, c'était morne plaine du côté de l'actualité. Une idée toute bête m'a traversé l'esprit : le chocolat! Qu'est-ce qu'un groupe de philosophes peut bien dire du chocolat? Je vous assure que ce fut un délice de les écouter partir dans des délires aussi savoureux qu'instructifs. On est passé de la notion d'épice à celle de délice, de l'aliment à la source de plaisir, riche ou maigre, pouvant être consommé pendant le Carême. Du rapport entre la couleur et la sensation de sucré, de la douceur à la force et du retour en enfance... Un cadeau du ciel, cette émission.

Je regrette aujourd'hui encore que les commentateurs aient repris le pouvoir sur LCI et ailleurs. Non pas qu'ils soient inintéressants, au contraire, mais le regard du philosophe, pour peu qu'il ne ressemble pas à une dissertation de classe terminale, place le questionnement au-dessus de la réponse. Il nous oblige à réfléchir en dehors des idées dominantes. Une sorte d'anti-militantisme dans lequel les certitudes n'ont pas leur place. Un bol d'air pour l'esprit.

L'autre émission que j'animais était intitulée *Femme*. Je recevais chaque matin une femme, célèbre ou pas. J'échangeais avec elle les yeux dans les yeux. Pas de question toute prête. Pas d'interview. De la curiosité et de l'empathie. Un des plus beaux moments de ma carrière professionnelle ! De Sonia Rykiel à Claudie Haigneré en passant par Zazie ou Marie-Jo Pérec et tant d'autres, j'ai gardé de ces rencontres des souvenirs impérissables.

D'abord cette petite pianiste virtuose de 16 ans, toute intimidée de se retrouver devant les caméras sans pouvoir se cacher derrière son instrument. Je l'accueille. Elle me répond d'un sourire. Voyant sa timidité, je lui demande si elle se sent mal à l'aise sans son piano. Elle me répond « Oui. » Je poursuis en m'inquiétant de savoir si elle a commencé très tôt la musique. Elle me répond « Oui. »

Le monologue a ainsi duré plus de cinq minutes, et à chaque fois la même réponse, oui, une seule fois : non. Il était clair que je n'allais pas tenir une heure ainsi. Dans ces situations autant tout déballer et jouer franc jeu.

« Si vous me répondez uniquement par oui ou par non, on ne va pas y arriver ! » Pas de reproche dans ma voix. Seulement beaucoup de bienveillance souriante. « Je vous propose d'essayer un truc nouveau. Je fais les questions et les réponses. D'accord ? »

Elle me jette un regard effaré. Aussitôt dit aussitôt fait. Je commence par une question volontairement idiote :

« C'est difficile, le piano ? »

Et j'enchaîne :

« Oh, oui ! Mais moi j'étais très douée… »

Sa surprise fut telle qu'elle se mit à rire. Je l'avais débloquée. Elle a commencé à raconter ses débuts à 4 ans, ses parents, ses concerts, etc. Un merveilleux moment de fraîcheur et de talent presque enfantin. Un petit cœur d'amour. C'est mon expression favorite, pleine d'affection. Et bien sûr, je n'ai pas manqué l'occasion qui m'était donnée de reprocher à l'école son peu d'intérêt pour les disciplines artistiques, considérées comme des sous-matières alors qu'elles pourraient redonner confiance à bon nombre d'enfants en situation d'échec scolaire. Et toc ! Un tacle de plus !

Une autre invitée m'a marqué à vie. À l'opposé de ma jeune pianiste, Francine Christophe était une dame d'un certain âge, très alerte, avec beaucoup d'allure, cultivée et qui s'exprimait dans un français admirable. Elle m'avait envoyé par la poste une épreuve de son livre à paraître intitulé : *Une petite fille privilégiée, une enfant dans le monde des camps*. Elle avait écrit sur une carte de visite : « Monsieur, je regarde votre émission. Merci de donner la parole à des femmes sans pour autant leur parler de féminisme. Dites-moi ce que vous pensez de ces quelques pages. Je les ai écrites pour mes quatre petits-enfants à qui je n'ai jamais eu le courage de raconter ce que j'ai vécu. »

J'avais rarement lu un manuscrit d'une telle force. Le récit de son père emprisonné. Sa maman qui l'accompagne de détention en détention jusqu'au camp de Bergen-Belsen. J'ai dû attendre quelques jours pour éponger mon trouble et trouver la force de l'appeler.

Rendez-vous pris, j'accueille Francine Christophe dans l'émission. Elle ne paraît pas inquiète. Je suis plus stressé qu'elle. Comment trouver le ton juste face à cette dame d'une dignité parfaite, dont l'histoire poignante me laisse sans voix ? Faut-il lui faire tout dire, tout raconter, en l'interrogeant comme un journaliste friand de pathos ? Certainement pas. Face à de tels témoignages, je n'ai qu'une règle : délicatesse et pudeur. J'avais la gorge nouée avant de commencer et je sentais, en la regardant, si forte, si droite, si belle, que mes questions seraient néanmoins toutes impudiques et maladroites.

« En écrivant votre histoire, vous vouliez vous adresser à vos petits-enfants, m'avez-vous dit. Alors parlons-leur.

– Si vous voulez. »

Je la sentais quand même émue, derrière son sourire légèrement crispé. Était-elle inquiète des éventuelles conséquences de cette émission ? Regrettait-elle de m'avoir contacté ?

« Que craigniez-vous le plus, de ne pas trouver les mots, d'en dire trop ou pas assez pour leur jeune âge ?

– Non j'avais peur que ça ne les intéresse pas. Leur vie est si éloignée de la mienne au même âge. Je ne voulais pas perturber leur belle insouciance avec mes souffrances, qui leur auraient donné des idées noires.

– Vous leur parlez quand même aujourd'hui à travers la télévision. C'est plus facile ?

– Un peu. Mais je préfère l'écriture. »

Pendant près d'une heure, nous avons avancé à pas comptés sur le chemin douloureux de l'histoire des camps, de son arrestation à l'âge de 8 ans en juillet 1942 avec sa mère, du convoi n° 80 en route vers Bergen-Belsen en ce jour du 23 février 1944. De l'enfance qu'on assassine et de la femme qui se reconstruit malgré tout, pour devenir mère à son tour, puis grand-mère. Une heure intense, où la douleur et la dignité affleuraient. Il a fallu s'interrompre à la demie pour laisser la place au journal. Un retour au présent un peu irréel et si futile à côté de ce passé poignant ! C'est aussi la difficulté de ce métier que de dérouler l'actualité, d'un résultat de football à la météo avant de revenir à l'histoire et à la réalité des camps de concentration.

Quelques mois plus tard, j'ai appris que le livre avait été édité. Francine Christophe était devenue conférencière dans les écoles de la région de Versailles et écrivain, une adaptation de son récit était en cours au théâtre. Depuis, de nombreux ouvrages et poèmes ont été publiés. Je suis heureux d'avoir mis une toute petite pierre à son bel édifice et de l'avoir libérée du poids de ses interrogations.

La leçon que je retiens de cette émission est que les invités les plus célèbres ne sont pas les plus intéressants. Beaucoup viennent parce qu'ils ont quelque chose à vendre, souvent poussés dans le dos par l'attaché de presse de l'éditeur ou du producteur de film. C'est dans le contrat, sinon ils ne viendraient pas. Dans les médias, on préfère dire que c'est « leur actualité » pour justifier le fait qu'on leur sert la soupe. Au mieux, ils font leur petit numéro, plus ou moins raté, au pire, ils n'ont rien à dire.

Les journées de la discorde

J'ai quitté LCI après quatre ans seulement, brusquement, sur un gros coup d'orage. Jérôme Bellay avait quitté la direction de la chaîne pour rejoindre Europe 1 en qualité de directeur général, emmenant avec lui Yves Calvi, Bernard de La Villardière et quelques autres fidèles parmi les fidèles. Je ne l'avais pas suivi, estimant avoir encore beaucoup d'aventures à vivre à la télévision. C'est à ce moment-là que le contact s'est rompu. Je n'ai plus jamais réussi à le joindre au téléphone. Son successeur était un membre de ceux qu'on appelait la bande d'Europe 1 : Étienne Mougeotte, Robert Namias, Charles Villeneuve et Jean-Claude Dassier. Tous les quatre avaient fait le succès de la station de la rue François-Ier à partir des années soixante-dix.

En 1996, Jean-Claude Dassier, déjà patron des sports de TF1, avait été nommé directeur de l'antenne de LCI. Il avait pris deux adjoints : Jean-Marie Bayle à l'info et moi pour les émissions, les magazines, la météo et les opérations spéciales. C'est à ce titre qu'il m'avait chargé d'organiser la couverture des douzièmes Journées mondiales de la jeunesse à Paris, du 19 au 24 août 1997, en présence du pape Jean-Paul II. Cette nouvelle édition devait accueillir un million deux cent mille jeunes fidèles de tous les pays, sans doute galvanisés par le charisme de ce pape polonais ouvert sur le monde et la vie. C'est lui qui avait institué ces rencontres en 1986, pour manifester la confiance que l'Église mettait dans la jeunesse.

La messe d'accueil devait être célébrée au Champ-de-Mars le mardi 19, de 17 h 30 à 18 h 45, par Mgr Lustiger. Trois cent mille jeunes avaient répondu à l'appel. En l'absence du pape, c'était déjà énorme et cela laissait supposer qu'une foule considérable viendrait accueillir Jean-Paul II deux jours plus tard, au même endroit. J'alerte mon boss. Pour moi, une chaîne d'info en continu se devait d'être présente en direct dès cette première journée du pape en France. Refus catégorique de Jean-Claude Dassier, qui ne voyait pas l'intérêt de « casser l'antenne », comme on dit, pour couvrir l'évènement avant la grand-messe à l'hippodrome de Longchamp le dimanche, en clôture de ces JMJ. J'insiste. Des centaines de milliers et peut-être un million de jeunes pourraient être présents pour acclamer Jean-Paul II à Paris : cela méritait, selon moi, d'occuper l'antenne de LCI, la seule chaîne de télévision tout-info à l'époque. Certes, pour couvrir l'évènement, une caméra était à Orly pour assurer l'enregistrement de l'arrivée de l'avion papal et la descente du Saint-Père sur le sol français, une autre à l'Élysée pour suivre son accueil par le président de la République, Jacques Chirac.

« Ce n'est pas suffisant. On va passer à côté de l'évènement. »

Jean-Claude me regarde comme si j'avais dit une énormité.

« Non c'est non. »

Je suis revenu à la charge plusieurs fois dans les semaines et les jours qui ont précédé l'évènement. À chaque fois, le refus a été net, catégorique et finalement violent.

« Tu commences à m'emmerder avec ton pape ! »

Jusqu'au jour J. Ce 21 août, Jean-Paul II fait un triomphe à son arrivée à Paris sur le Champs-de-Mars. Cinq cent mille jeunes catholiques au moins lui font une interminable ovation. Sur les images, la foule est impressionnante et, en plus, l'ambiance est clairement à la fête.

Conformément aux consignes, nous ne retransmettons pas le direct en permanence. Seulement dans les journaux, à l'heure et à la demie. J'étais en régie pour m'assurer du bon déroulement de l'opération. Un évènement comme Paris en a rarement connu. Tout roulait comme prévu. *A minima*, suivant les consignes du patron, jusqu'au moment où Jean-Claude Dassier déboule comme une furie. Il me prend à partie :

« Pourquoi on n'est pas en direct permanent ?

– Parce que tu m'as demandé de ne pas l'être.

– Je ne t'ai jamais dit ça.

– Si, tu me l'as dit, contrairement à ce que je t'ai demandé.

– C'est faux !

– Non, c'est vrai !

– Non, c'est faux. »

J'ai subitement senti mon poing se serrer, prêt à frapper. Si je l'avais fait, j'étais viré sur-le-champ. J'ai préféré assurer la fin de la retransmission en direct, comme je l'avais prévu, et démissionner aussitôt après.

Beaucoup plus tard, on m'a raconté le fin mot de l'histoire. À l'époque, Étienne Mougeotte, qui partageait la direction de TF1/LCI avec Patrick Le Lay, disposait d'un mur d'écrans dans son bureau, au quatorzième étage de la tour TF1. De là, rien ne lui échappait de ce qui se passait sur les antennes. Au contraire de Jean-Claude Dassier, Étienne était sans doute un peu plus journaliste que militant politique. Il avait mesuré l'importance de l'évènement et, en voyant que LCI n'était pas présente en continu, il avait aussitôt appelé Dassier pour lui réclamer des comptes. Notre homme avait dû me charger à mort, et était descendu en courant dans la régie. Pas joli, joli ! C'est ainsi que s'est achevée mon histoire à LCI. Heureusement, Étienne Mougeotte n'a pas été dupe et je me suis chargé de rétablir la vérité. Il ne m'a pas laissé tomber malgré ma lettre de démission.

Où était passé le journaliste d'Europe n° 1 qui venait présenter les flashs dans le *Carré bleu* de Jacques Paoli ? Celui dont je m'inspirais et dont je convoitais la place en pensant ne jamais y parvenir ? La politique avait changé son paradigme. Il l'avait prouvé en me demandant de convier Patrick Buisson à déjeuner dans le but de lui proposer de rejoindre la chaîne. Patrick Buisson, ancien du journal *Minute* et de *Valeurs Actuelles*, engagé à l'extrême droite, deviendra en 2007 le directeur de la chaîne Histoire, une des chaînes du groupe TF1, où je présentais une émission hebdomadaire, *Le Journal de l'histoire*. Il s'empressera de m'éjecter au profit de Vincent Hervouët, un profil plus adapté à la ligne éditoriale ou politique, c'est selon. Pour Jean-Claude Dassier, le recrutement de Patrick Buisson était probablement un service commandé, auquel j'ai naïvement participé. Rappelons qu'en 2014, il sera mis en cause pour avoir enregistré en secret des discussions avec Nicolas Sarkozy à l'Élysée. Bref, un mec bien.

Du temple de l'info à celui du divertissement

« Voilà, je t'explique : Stéphane Courbit et Arthur lancent *Exclusif*, un journal *people* pour notre *access* (le programme qui précède le 20 heures). Ils ont recruté des animateurs pour faire un travail de journaliste et j'en ai parlé à Stéphane : j'aimerais que tu les rejoignes pour fiabiliser un peu tout ça. Tu seras directeur des rédactions du groupe Endemol France. Ça te va ? Stéphane est d'accord, d'autant qu'il te connaît bien, puisque tu présentes déjà *Plein les yeux* qu'il produit et qui est un vrai succès. »

Étienne Mougeotte ne m'avait pas laissé tomber, en effet. Me voici installé dans un bureau au 10 rue Torricelli, dans le 17e arrondissement, le siège de Case Production qui deviendra quelques mois plus tard Endemol France. Des bureaux non loin de la porte Maillot où se trouvaient les plateaux, en dessous du palais des Congrès. Les deux productrices de l'émission, Corinne Spak et Alexia Laroche-Joubert, m'accueillent froidement, après avoir probablement tout tenté auprès de Stéphane Courbit pour qu'il s'oppose à ma venue (c'était mal connaître Stéphane, à qui on ne dicte pas sa conduite). Elles m'ignorent même purement et simplement. Je comprendrai plus tard, à l'occasion d'un déjeuner où elles m'avaient convoqué séance tenante, que je n'avais pas à m'immiscer dans leur émission et que j'étais le représentant du diffuseur chez le producteur, comprenez le ver dans le fruit. Le terrain était miné. Ça commençait mal. Quant à Arthur et Stéphane, ils n'étaient pas toujours sur la même longueur d'onde. Disons plutôt qu'Arthur essayait d'exister en tant que *businessman* et non pas seulement en tant qu'animateur. Un rôle que de son côté Stéphane jouait avec un talent hors norme. À l'époque, je présentais aussi *Plein les yeux*, avec ma complice Carole Rousseau, et l'émission cartonnait. Arthur n'aimait pas qu'une émission lui échappe, même si elle lui rapportait gros. Et puis, je ne faisais pas partie de sa bande.

J'ai donc laissé Jonathan Lambert, Valérie Damidot, Emmanuelle Gaume, Frédéric Joly, Thierry Clopeau, Ness, Hélène Zélany et toute l'équipe d'*Exclusif* à leurs saintes patronnes, pour me consacrer à d'autres productions comme *Les Moments de vérité* présentés par Laurent Boyer sur M6, ou encore *Pourquoi comment* avec dans un premier temps Sylvain Augier, puis Évelyne Thomas sur France 3.

Une belle expérience dans ce milieu de la production, que je n'avais abordé que comme animateur, avec un esprit de journaliste, mais ignorant tout des contraintes techniques... Suivant la remarque de Jacques Paoli à Europe n° 1 bien des années plus tôt, j'ai toujours considéré que la télévision, comme la radio, impose une connaissance de tous les métiers qui s'y exercent. Critiquer des reporteurs sans avoir fait soi-même de reportage est une faille dans la légitimité. Ne pas partager les contraintes d'un réalisateur, quand on présente un journal ou une émission, revient à refuser le travail en équipe. C'est pourquoi je ne suis jamais choqué de voir un journaliste participer à une émission, dans la mesure où elle ne porte pas atteinte à son professionnalisme. Tout comme passer en régie, ne serait-ce que pour saluer chacun, présent à son poste, est non seulement une marque de politesse élémentaire, mais aussi une marque de respect, de confraternité et d'intérêt pour des métiers dont le journaliste ignore pratiquement tout.

Une anecdote à propos d'un personnage bien connu, qui montre une fois de plus le fossé qui sépare journalistes et animateurs, puisque je partageais les deux statuts... Stéphane Courbit avait légitimement profité de la situation pour me demander de me rapprocher de Jean-Pierre Elkabbach, qui venait d'enregistrer en exclusivité les confidences du président François Mitterrand, affaibli par la maladie qui l'emportera quelques mois plus tard. Avant la diffusion de cette longue interview sur France 2, le lundi 12 septembre 1994 à 20 h 45, j'étais chargé de lui proposer d'en acquérir un extrait, pour un projet d'émission destinée au service public, mais obligatoirement avec son accord.

Rendez-vous pris au très chic café-restaurant « L'Avenue », à l'angle de l'avenue Montaigne et de la rue François-Ier, à deux pas d'Europe 1 où Elkabbach venait de réaliser son interview quotidienne. Il doit être 8 h 30 quand il pénètre dans l'établissement, sans me jeter un regard. Il passe saluer quelques connaissances attablées plus loin, et engage la conversation. J'attends. Après un bon quart d'heure, il daigne m'apercevoir, seul à ma table, quelques papiers posés devant moi. J'avais malencontreusement consigné quelques points importants à aborder avec lui. Il me salue avec dédain, s'installe et plante son regard sur mes notes :

« On vous a écrit vos questions ? »

Vexé, je n'ai pas pu contenir ma réplique.

« Non, monsieur Elkabbach. Vous oubliez que je suis journaliste comme vous, et que pendant des années à RTL, face à vous sur Europe, je faisais le double d'audience. »

Il s'est levé, de rage, et est allé retrouver ses connaissances, certainement plus admiratives. Fin du rendez-vous et de l'histoire, qui a quand même fait rire Stéphane, qui ne se faisait aucune illusion sur le personnage.

Après m'être fait chasser d'*Exclusif*, ce n'était qu'un échec de plus… L'aventure Endemol n'était pas clairement définie. Mon rôle, pas très précis. Au bout de deux ans, je me suis lassé de n'être pas complètement utile, ni reconnu, à l'exception de mes propres émissions, *Plein les yeux* puis *Les 30 Histoires* et quelques autres productions unitaires. Un évènement allait provoquer mon retour à la rédaction de TF1, l'arrivée du *Loft*.

De retour du siège d'Endemol Monde à Amsterdam, Stéphane Courbit portait dans ses cartons un concept révolutionnaire : *LOFT Story*. Des jeunes gens enfermés dans une maison truffée de caméras, au milieu des plateaux de tournage de la Plaine-Saint-Denis, et livrés au voyeurisme des téléspectateurs, au cours de rendez-vous quotidiens. On pouvait aussi les suivre vingt-quatre heures sur vingt-quatre, via un canal satellite dédié ou sur Internet. C'était la grande innovation, car pour le reste les participants tuaient le temps plutôt que de l'occuper utilement. L'émission faisait déjà un carton à l'étranger, notamment aux Pays-Bas, sous le nom de *Big Brother* : tout un programme.

Souvenez-vous. Le 26 avril 2001, onze candidates et candidats, six garçons et cinq filles, pénètrent dans le loft, au milieu d'une foule hystérique. Ils vont participer à la première émission de télé-réalité en France. Totalement coupés du monde extérieur pendant soixante-dix jours, ils devront se partager 250 m^2 de logement et 380 de jardin. Pas si grand, pour onze, pendant presque deux mois et demi. S'ensuivront, au jour le jour, des scènes qui feront polémique, jusqu'à la plus torride, dans la piscine, où les plus assidus ont pu surprendre en direct les ébats entre Loana et Jean-Édouard. Pour la suite, la production a choisi de diffuser les images avec un léger différé afin de pouvoir éviter ce genre de séquence plus que « limite ».

L'animateur avait tout juste 30 ans, c'était Benjamin Castaldi. *Le Loft* fera sa notoriété tout en enfermant son image dans la téléréalité, pendant quelque temps.

Officiellement, le but était d'observer ces onze célibataires comme des souris de laboratoire. Comment vont-ils nouer des liens d'amitié ou d'amour, des inimitiés, comme dans une colocation. On ne parle pas de jeu, mais le Conseil supérieur de l'audiovisuel imposera tout de même au diffuseur un répit de deux heures par jour pendant lesquelles les caméras ne tourneraient pas.

L'histoire ne dit pas pourquoi c'est M6 qui s'est lancée dans l'aventure et pas TF1. Stéphane Courbit m'avait raconté qu'à peine descendu de l'avion en provenance d'Amsterdam, il avait appelé Étienne Mougeotte à TF1 pour lui proposer d'être le premier à diffuser l'émission en France. Refus net et catégorique.

« Jamais ma chaîne ne diffusera ce genre d'émission, tu m'entends ! »

Stéphane avait insisté, en rappelant plusieurs fois et en soulignant le bénéfice commercial faramineux d'un tel programme. Étienne Mougeotte ne voulait rien entendre. Lui, le journaliste, ne voulait pas de cette « télé-poubelle ». Une position courageuse, d'autant qu'il éprouvait beaucoup d'affection et d'admiration pour Stéphane, qu'il considérait comme un fils adoptif.

C'est ainsi que M6 a saisi l'offre au bond, et finalement obligé TF1 à suivre le mouvement, contrainte et forcée, puisqu'après *Le Loft* sur M6, les autres émissions de téléréalité – la *Star Academy*, *Nice People*, *La Ferme célébrités*, *Secret Story* – ont bien été diffusés sur TF1.

Plein les yeux

L'émission lancée le 29 octobre 1997 fut une merveilleuse aventure, couronnée d'un succès d'audience dont toutes les chaînes rêveraient aujourd'hui. Elle s'est arrêtée en janvier 2003. Le principe était d'aller pêcher dans les journaux télévisés du monde entier des scènes insolites ou spectaculaires que l'on mettait en perspective en les explicitant. Pour cette nouvelle émission, le choix d'un profil de journaliste avait reçu l'aval d'Étienne Mougeotte. (Je lui dois beaucoup, c'est vrai, et si j'ai tenu à assister à ses obsèques, le 13 octobre 2021 en l'église Saint-François-Xavier à Paris, c'était avec une réelle émotion et une profonde reconnaissance).

Mon premier rendez-vous chez Case Productions est avec la productrice Béatrice Baumié. Une femme à la douceur inflexible, sensible, cultivée et déterminée. Avec elle, j'étais immédiatement en confiance, autant pour la qualité de la future émission que pour les relations avec l'équipe. Son beau visage souriant, sa voix douce et ferme, rigoureuse, exigeante mais toujours à l'écoute, Béatrice possédait une maîtrise de lettres classiques obtenue à la Sorbonne après un passage par le prestigieux lycée

Henri-IV. Que faisait cette perle dans ce monde violent et pas franchement cultivé de la production ?

Plein les yeux était ce qu'on appelle un *prime time*, autrement dit l'émission phare qui suit le journal de 20 heures. C'est là que se joue en grande partie l'audience de la chaîne. Contrairement à ma partenaire Carole Rousseau, déjà sortie de l'ombre, j'étais à LCI au commencement de la chaîne. Personne ne me connaissait. Encore un pari à la Mougeotte.

La première émission n'était pas en direct. Le choix de Carole devait encore être validé. Il a donc fallu tourner deux émissions avec deux partenaires possibles. Carole a été choisie, en toute logique, et je tairai le nom de sa concurrente plus sulfureuse. Elle s'était fait remarquer en posant passablement dénudée pour la couverture du magazine *Lui*. Aux dernières nouvelles, elle n'est plus en France, mais aux États-Unis.

Contrairement au journaliste qui, en principe, écrit ou au minimum contrôle ses textes de lancement, je devais faire avec ce qu'on avait écrit pour ma partenaire et pour moi. C'est là où le journaliste-animateur a remis sa casquette à l'endroit, relu et corrigé. Ce n'était pas dans les habitudes de la prod', mais ils avaient choisi un journaliste : il fallait faire avec son obligation de responsabilité.

Le premier tournage a été un enfer. Non seulement j'ai dû enregistrer deux émissions qui ont pris toute la nuit, mais en plus le premier réalisateur (avant que Franck Broqua prenne les commandes) n'avait pas choisi la simplicité. Chaque côté du décor était mobile et monté sur rails. Il fallait au moins quatre costauds pour le déplacer à chaque séquence. Ils l'ont fait plus de cent fois, jusqu'à l'épuisement. On les avait gentiment surnommés « les galériens ». Comme à chaque première, il a fallu recommencer et recommencer, dans une chaleur insupportable. Toutes les trente secondes, il fallait faire une retouche de maquillage. Je crois me souvenir que je n'avais pas encore osé enlever la cravate. Je le ferai très vite par la suite, ce qui me vaudra un bon paquet de lettres de reproches ou d'insultes.

Par la suite, la production a calmé le jeu et simplifié le décor. Pendant ces années *Plein les yeux,* on s'est amusé comme des fous, on a blagué comme des potaches, explosé les audiences, et puis ce qui devait arriver arriva. Un classique chez TF1, quand une émission a du succès : la direction des programmes en demande plus, encore plus, toujours plus jusqu'à ce que, faute de matière, on rediffuse et que le téléspectateur se lasse. On appelle cela presser le citron jusqu'à ce qu'il n'y ait plus de jus. 2003, clap de fin pour *Plein les yeux* et cette équipe d'amis que je retrouverai quelque temps plus tard, pour une seconde mouture de l'émission intitulée *Les 30 Histoires*, toujours avec Carole. Même principe, même plaisir et même fin annoncée.

Tu passes à la télé

Combien de fois ai-je entendu cette remarque, qui veut tout dire du statut que vous donne la télévision ? Même si vous n'y apparaissez qu'une fois, toute votre famille et vos amis vous verront. Quelques-uns, moins proches, vous reconnaîtront. D'autres se souviendront de vous pendant quelque temps. Mais il faut bien l'avouer, la grande majorité, pour ne pas dire tout le monde, vous ignorera. Je ne dis pas cela par prétention, mais parce que je sais qu'il faut au moins cinq ans de quotidienne pour que votre visage et/ou votre nom s'imprime dans la mémoire du public. Cinq ans dans un sens et cinq ans dans l'autre, avant qu'on vous oublie.

À ceux qui se demandent si la notoriété est un fardeau ou un cadeau, je dois répondre que si on ne se sent pas prêt à l'assumer, il faut changer de métier. À ceux qui insistent, je dois dire que c'est un peu les deux, mais le fardeau est bien léger par rapport aux avantages. En trente ans d'exposition, je n'ai eu à subir que deux ou trois situations pesantes. La première, à l'occasion d'un festival à Luchon. C'était en pleine diffusion de *Plein les yeux*. Alors que je sortais de la salle, avec mon épouse, un groupe de jeunes m'a interpellé en criant : « Elle est bonne, Carole Rousseau. » Le comble de l'indécence et de la vulgarité. Répondre était impossible, mais ils ont insisté. On est partis en accélérant le pas. Je pense qu'ils se sont trouvés très drôles. Moi pas, mon épouse encore moins. Plus récemment, dans le métro à Paris, que j'adore tellement il est pratique, trois jeunes filles m'ont interpellé d'un bout à l'autre de la rame en piaffant d'avoir reconnu quelqu'un qui « passe à la télé ». Malaise évidemment quand tous les passagers, qui ne prêtaient aucune attention à moi comme c'est toujours le cas dans le métro parisien, ont porté leur regard dans ma direction, l'air réprobateur. Dans leur esprit, je me donnais en spectacle, alors que je n'avais rien demandé.

La plupart du temps, on vient me proposer gentiment de prendre une photo ou mieux, aujourd'hui, un *selfie*, en marchant sur les pieds de ma femme, comme si elle était invisible. C'est à moi de leur dire : « Excusez, mon épouse est avec moi. » Et c'est elle qui, avec dévouement, prend la photo. Mais n'allez pas croire que c'est toujours ainsi. À l'exception des regards plus ou moins appuyés, et qui sont les plus difficiles à supporter, certains font preuve d'une grande élégance, comme ce chauffeur de taxi avec qui nous avions parlé de tout et de rien pendant la course et qui, au moment où je suis descendu de la voiture, m'a dit : « Merci pour ce que vous faites. » Et il a démarré. Dans presque 100 % des cas, on m'interpelle avec beaucoup de gentillesse. Comment ne pas répondre à ceux qui nous font vivre en nous regardant à l'écran ? Mes confrères qui ne l'ont pas compris et fuient ou réagissent brutalement ne méritent pas leur succès. J'en connais beaucoup.

Faut-il passer sous silence ces restaurants complets où on vous trouve quand même une petite place, ces hôtels où la direction vient vous accueillir, ces hôtesses et stewards qui vous apportent discrètement une petite coupe de champagne, même si vous êtes en classe économique, etc. ? Comment pourrait-on se plaindre d'un traitement aussi privilégié, tout simplement parce que vous « passez à la télé » ? Et pourtant rien ne le justifie. Nous ne sommes que des artisans rompus à l'exercice, et bien payés en prime. Dans ce monde du paraître, notre cote dépasse celle du chef d'entreprise créateur d'emploi, du médecin responsable de votre santé et aussi de votre vie, du pilote responsable de ses trois cents passagers quelles que soient les conditions de vol, de l'ingénieur et de l'architecte auteurs de prouesses techniques, du chercheur à qui l'on devra notre avenir et dont le salaire n'est pas très au-dessus du SMIC après dix ans d'études et des journées sans fin. Ces gens-là méritent notre admiration même s'ils ne « passent pas à la télé ». Ils sont dans la société de l'être et non pas du paraître.

Vous arrivez à quelle heure ?

Je ne dis pas que présenter un journal est facile. On a vu, au début de cet ouvrage, le petit coup de stress qu'il faut surmonter au moment de passer à l'antenne. Le plus important n'est pas là. Tout repose sur la préparation, chaque jour, avec les mêmes interrogations, les mêmes doutes, quelle que soit l'actualité. Une œuvre quotidienne, n'ayons pas peur des mots, qui repose sur la compétence de l'équipe autant que sur celle du présentateur.

Pour prendre une image, disons que l'actualité est comme un train chargé de passagers réguliers, des habitués de la ligne. Il effectue une boucle en vingt-quatre heures. À la première gare, tôt le matin, l'équipe du 13 heures monte à bord. À la seconde, quelques heures plus tard, c'est au tour de celle du 20 heures. Au menu du jour, un flot d'informations de diverses provenances : les agences de presse, les correspondants en région, les services qui ont leurs propres sources, les radios qu'on a tous écoutées depuis très tôt, les journaux, les réseaux sociaux (eh oui !), les magazines déjà programmés et puis nos propres idées. Avec tout cela il faut produire environ trente-quatre minutes d'info, soit dix-neuf ou vingt sujets en cinq à six heures et que tout soit prêt à 12 h 58, sans possibilité de réclamer un délai supplémentaire, comme vous le savez maintenant.

Comment se passe la matinée ? La plupart des membres de l'équipe arrivent vers 6 h 30. Quand je débarque, vers 7 h 30, ils sont déjà tous dans le bain. Le temps de se poser, on discute de ce qu'on a vu et entendu depuis le 20 heures de la veille. On lit la presse. C'est alors que commencent les échanges entre nous et avec les chefs de service qui passent nous voir. Ils évoquent leurs propositions. On en discute. Certaines nous paraissent intéressantes pour le journal, d'autres pas, ou pas pour ce jour-là.

Quels sont les principaux critères de choix ? Quand l'actualité s'impose, pas de problème. On déploie les moyens de façon à couvrir au mieux l'évènement. Prenons le cas d'un incendie de forêt : une équipe est sur place pour raconter les faits, avec les premières images. Une autre est avec les pompiers, pour décrire la situation de l'intérieur, recueillir leurs témoignages. À la fin, un des reporteurs pourra faire un direct sur l'évolution de la situation et répondre à une question du présentateur ou de la présentatrice qui n'a pas pu être abordée dans les reportages. Classique. Si l'incendie se poursuit et s'étend, on renforcera le dispositif, en envoyant une équipe supplémentaire. S'il est en train de perdre de la vigueur, on suivra la situation le lendemain pour finir par faire le bilan.

Encore faut-il que les moyens soient disponibles ! C'est pourquoi les effectifs des bureaux sont parfois épaulés par des journalistes venus de la rédaction parisienne. Dans le cas de la guerre en Ukraine, ce sont les envoyés spéciaux qui décident de ce qu'ils peuvent couvrir ou pas, en fonction de leur liberté de manœuvre et des risques encourus. Des prouesses quotidiennes que l'on se doit de saluer, car ces journalistes sont exceptionnels. Sans eux, que saurions-nous des souffrances des Ukrainiens ou auparavant des femmes afghanes soumises de nouveau à la loi des talibans ? Un grand respect pour mes amis Michel Scott, Liseron Boudoul, et tant d'autres, avec leurs courageux journalistes reporteurs d'images sans qui nous ne pourrions pas mesurer l'ampleur de cette barbarie.

À 8 h 40, mon assistante appelle la conf', comme on dit.

« Conférence 13 heures... Conférence 13 heures. »

Le message est transmis par haut-parleur dans tous les étages de la rédaction. Chaque chef de service est présent, ainsi que les responsables de l'organisation technique, et celui de la gestion des salles de montage. La conférence se passe au deuxième étage de la tour, dans la plus grande des salles de réunion. Une dizaine de personnes prennent place de part et d'autre de l'immense table triangulaire, celles qui ont des propositions à faire. Les autres s'installent sur les gradins, à droite, ou à de petites tables en forme de bar, à gauche. La place ne manque pas. À un bout, prend place le présentateur, accompagné du rédacteur en chef à sa gauche, accompagné de la rédactrice en chef des magazines. À sa droite, le chef d'édition et l'assistante. En face d'eux, un très grand écran sur lequel est projetée une première mouture du conducteur du journal. Elle dresse la liste des reportages qu'on a déjà reçus et de ceux qu'on prévoit de recevoir ou espère recevoir.

Le déroulement de la conférence de rédaction est assez codifié. Le présentateur ou le rédacteur en chef distribuent la parole et personne ne s'exprime avant le feu vert.

Voilà pour le principe, toujours respecté. Par la suite, on échange, on débat de l'intérêt d'un sujet, d'une info, de sa faisabilité. On demande des explications ou des précisions sur une mesure économique complexe au spécialiste maison. Avant de pouvoir décider de l'intérêt d'une information, encore faut-il en comprendre tous les aspects !

La vraie difficulté pour l'équipe rapprochée du journal est d'être capable de juger en quelques minutes, avec l'humilité de celui qui ne sait pas tout, mais doit tout assimiler, en faisant abstraction de ses propres opinions et de son manque d'intérêt éventuel pour certains sujets. En ce qui me concerne, mon point faible, c'est le sport, alors je me laisse conseiller. Pendant que chacun s'exprime, le réalisateur écoute, et l'assistante du journal prend des notes. Je reviendrai sur son rôle capital un peu plus loin.

La deuxième étape consiste à décider de la façon dont on va traiter telle ou telle information : Un reportage ? Où ? À Paris ou en région ? Dans quelle région ? Et si aucun journaliste n'est disponible dans la région choisie ? Ils tournent déjà pour nous, ou pour le 20 heures. Peuvent-ils abandonner le tournage en cours, si l'information du jour est d'un intérêt supérieur ? Parfois, il faut reporter ou abandonner. Encore une fois, le temps est compté et sans parler du coût, les moyens humains de la rédaction et de la technique ne sont pas illimités. En résumé, la conférence est à la fois une chambre d'enregistrement de ce que chacun a à apporter, et un lieu d'échanges dont on fera la synthèse une fois rentrés dans nos pénates. *In fine*, c'est nous qui décidons. Le principe est sacré.

Maintenant que chacun sait quel est le plat à préparer pour le déjeuner, reste à écrire le menu. Comme à table, il y a l'entrée, le plat et le dessert. Au 13 heures, l'entrée est, sauf évènement spécial, composée de la météo, puis de l'actualité importante du jour. Le choix de la météo pour commencer s'explique simplement : d'abord, il n'y a pas de bulletin météo avant le journal, comme c'est le cas à 20 heures ou le week-end. Or, cette information est capitale pour 100 % du public, quoi qu'on en dise. Ensuite, le temps de décrire les évolutions du ciel permet souvent au sujet d'ouverture d'arriver. Une minute pour nous est un délai précieux qui a permis de sauver bien des ouvertures, comme on l'a vu au début de ce récit. Enfin, la météo permet d'approcher de manière douce l'actualité du jour, pas toujours des plus enthousiasmante, j'en conviens.

J'en profite pour répondre à une remarque qu'on me fait à longueur de temps. « Vous ne donnez que des mauvaises nouvelles. » Que répondre ? D'abord que la béatitude n'est pas de ce monde. C'est un fait qui se vérifie chaque jour. Ensuite que le journal des bonnes nouvelles n'a jamais trouvé son public, comme les trains qui arrivent à l'heure n'intéressent que ceux qui sont à bord ou qui attendent sur le quai. Enfin, je m'inscris en faux devant cette affirmation qui relève de l'impression personnelle plus que de la réalité. Le téléspectateur a ses propres filtres. Comprenez par là que certaines informations le touchent plus que d'autres, en fonction de sa sensibilité politique, de son métier, de son histoire, de ses connaissances, de son environnement, de sa vie tout simplement. Il entend ce qu'il a envie d'entendre et souvent il commente sans attendre la fin d'une explication. Ce n'est pas un reproche. On est tous un peu comme cela. On a envie d'exprimer son avis, de faire son commentaire sur ce qu'on entend et qu'on voit.

Soyons lucides. On n'effacera pas de nos actualités le train qui déraille, l'avion qui se crashe, la guerre en Ukraine, le sort des femmes afghanes, le COVID ou les questions de pouvoir d'achat. Mais on peut compenser ce tableau anxiogène par ce que j'appelle des faits qui ont valeur d'exemple et sont porteurs de solutions. J'y reviens inlassablement. Dans ce cas, les nouvelles ne sont ni bonnes ni mauvaises, elles sont positives, même si je n'aime pas ce mot fourre-tout. Disons plutôt constructives. Si parmi les quelques millions de téléspectateurs qui regardent le journal, certains se disent : quelle bonne idée ! Quel courage ! Qu'est-ce qu'elle est bien, cette femme ou qu'est-ce qu'il est bien, cet homme ! Cela peut inciter quelques autres à passer de la passivité du spectateur au rôle d'acteur. Au bout du compte, on agit modestement, mais sans fausse modestie, sur le moral d'une nation.

Revenons au conducteur de notre journal. Il rassemble autour de la table du 13 heures, juste après la conférence de rédaction, le présentateur, les rédacteurs en chef info et magazine, le réalisateur, l'assistante, la ou le responsable de « l'habillage » (les décors qui illustrent les sujets et les éléments graphiques), l'assistante et le chef d'édition qui note dans le système d'exploitation – qu'on appelle DALET –, le conducteur, au fur et à mesure qu'on l'établit.

Commence alors une partie de jeu de dames pendant laquelle on déplace les pions, autrement dit les sujets, de haut en bas et de bas en haut, en fonction de plusieurs critères que je vais tenter de vous expliquer.

La première question qui se pose est : On commence par quoi, on finit par quoi ? À ce niveau-là la réponse est assez simple : on commence par la météo, comme je vous l'expliquais, sauf évènement capital pour lequel il n'y a plus d'autres règles que la logique de l'information. On finit par l'un des sujets « magazine », souvent associé à une série hebdomadaire. La météo, en ouverture, permet de respecter les trois temps : le temps qu'il fait, le temps qui passe (l'actualité) et le temps qui dure (les magazines).

Deuxième interrogation : On ouvre par quoi, après la météo ? Question cruciale. C'est le vrai début du journal, à la croisée entre la ligne éditoriale du 13 heures, la moins anxiogène possible, et le fait marquant de l'actualité du jour qui, lui, au contraire, est souvent anxiogène. Cette ouverture engendre généralement quelques débats. C'est là que l'expérience de chacun et la cohésion d'une équipe professionnelle permettent de faire le choix que nous espérons être le bon. Nous décidons au mieux pour ce journal que nous connaissons par cœur, mais sans jamais la certitude d'avoir raison aux yeux du plus grand nombre.

La suite n'est que logique. L'actualité du jour d'abord, puis les sujets de société comme la hausse du prix de l'essence ou l'inflation. Des sujets illustrés par des reportages. S'il faut caser une information politique, le casse-tête reprend. On la glisse au « moins mauvais endroit possible ». Parfois, la transition avec un sujet grave ou un témoignage douloureux pose un problème de liaison. Là encore, on essaye d'être le plus élégant possible, en sachant bien qu'un journal est une succession d'informations hétéroclites. Quand on a le sentiment que tout coule, sans rupture, on se dit que le conducteur est le bon. Il changera quand même, si un sujet n'arrive pas à temps ou s'il faut le refaire, quand une information importante tombe au dernier moment. Alors, cette heure passée à essayer d'écrire au mieux les histoires du jour aura été perdue, sans qu'on s'en plaigne. C'est le jeu. Et sans qu'aucun téléspectateur s'en aperçoive. C'est la règle.

Le baptême du feu

Un premier journal ou une première émission est toujours une épreuve. On l'a vu avec la première de *Plein les yeux* et ses galériens. Le stress empêche de gérer sereinement le temps. De toutes les règles, celle-ci est la première, la plus importante et la moins évidente. Je ne connais pas une autre profession qui n'accorde pas quelques secondes ou quelques minutes au temps. Si un train ou un avion est programmé pour partir à 10 heures, et qu'il met les moteurs en marche à 10 h 05, personne n'ira se plaindre, trop content d'être « à l'heure ». Dans le cas d'un journal, rien n'est prévu pour attendre. Au pire, le réalisateur peut faire « traîner » le générique quelques secondes, mais déjà c'est l'angoisse. Personne n'imagine à quel point ce diktat de l'heure peut être catastrophique si on ne le maîtrise pas de bout en bout. C'est pourquoi la préparation est un compte à rebours permanent pour tous. Pour la réception des sujets, pour l'écriture des lancements, pour l'édition des fiches, pour le maquillage, etc. Voilà pour le principe. Dans les faits, rien ne se passe jamais idéalement. Entre le sujet d'ouverture qui n'arrive pas, comme on l'a vu, le problème technique qui retarde la fabrication, l'information qu'on attend et qui n'est pas là, l'imprimante en panne, un problème informatique, un changement fréquent de conducteur, une liaison satellitaire qui décroche : bref, toute cette belle mécanique est perpétuellement à corriger et souvent, si ce n'est à chaque édition, on part à l'antenne avec un journal qui reste pour une petite part à écrire ou à visionner. Mieux vaut avoir les nerfs solides, maîtriser tous les codes et surtout pouvoir s'appuyer sur une équipe performante que j'appelle la *task force* en référence aux commandos pendant la guerre : le rédacteur en chef, responsable de l'ensemble, le chef d'édition, responsable des temps et du bon déroulement du journal, l'assistante, qui suit le présentateur de A à Z, y compris sur le plateau, en complétant ce qui manque au journal ou en assurant les modifications pendant le journal, et la prompteuse, qui a enregistré les lancements dans le système d'exploitation et qui va les faire défiler devant l'objectif des caméras, au rythme de ma diction, et jongler entre les textes déjà écrits, ceux qu'on ajoute et ceux qu'on improvise. On n'est parfois plus très loin du numéro de cirque. Il n'empêche que, pendant ce temps-là, dans presque 100 % des cas, le téléspectateur ne se rend compte de rien. Pour lui tout est facile et normal, ce qui est le but de notre travail.

Souvent, on me demande à quelle heure on enregistre le journal pour le 13 heures. Un journal n'est jamais enregistré, pas même diffusé avec un léger décalage, comme certains le croient en pensant qu'il est possible de couper au dernier moment un mot ou une phrase qui ferait polémique. La seule dérogation concerne certains invités, qu'on est obligé d'enregistrer avant pour des raisons pratiques qui leur sont propres. Il arrive aussi, plus fréquemment, que le duplex (direct) d'un envoyé spécial qui travaille dans des conditions compliquées soit « mis en boîte » avant le journal. Le risque d'une rupture de la liaison satellitaire ou l'impossibilité de l'établir au dernier moment est trop grand. Dans ce cas, on enregistre par sécurité et surtout, on ne fait pas semblant d'être en direct. Pas de « bonjour », par exemple, qui pourrait laisser croire que... Question d'honnêteté à l'égard du téléspectateur. Le dernier cas de figure concerne les jeunes journalistes, à l'occasion de leurs premiers reportages. Le risque qu'ils paniquent et perdent pied est trop grand pour qu'on les expose en direct. Alors on enregistre. C'est le pré-baptême du feu, qui contribue à les mettre en confiance. Autre avantage, cela leur laisse le temps de prévenir toute la famille et les amis qu'ils vont être « en direct » dans le journal. Petit arrangement avec la réalité, sans importance, de leur point de vue.

Pour une première intervention en plateau, c'est une autre paire de manches. Le direct est une épreuve à la fois pour le journaliste, en charge des explications, et pour le présentateur, qui doit le mettre en confiance et surtout lui éviter le coup de stress qui vide l'esprit sans prévenir.

Une fois le texte vérifié et validé par le présentateur, on procède à des répétitions en conditions réelles sur le plateau. Généralement, c'est le chef de service concerné qui joue le rôle du présentateur, occupé par ailleurs à écrire ses propres lancements. La répétition est suivie en régie comme dans la salle de visionnage. C'est un élément du journal parmi d'autres. Vient le moment du direct, généralement dans la foulée d'un autre reportage. Deux minutes *off* à la fois interminables et qui sont essentielles pour détendre l'atmosphère, rassurer, expliquer au chroniqueur qu'en cas de panique le présentateur est là, prêt à l'aider, à rattraper le fil du sujet. Imaginez-vous dans cette situation pour la première fois, devant cinq millions de téléspectateurs. Pas de quoi pavoiser, sauf à avoir l'habitude. Et c'est là tout le secret. Avoir l'habitude et posséder les codes d'un plateau télé comme ceux d'un cockpit d'avion, d'une salle d'opération ou de tout autre métier qui paraît inaccessible vu de l'extérieur et qui pourtant n'est pas plus compliqué que celui d'un architecte ou d'un ébéniste.

Cela me rappelle mon premier journal à Radio France Vaucluse. J'avais pourtant l'habitude du micro, après des mois à faire la matinale et les émissions en extérieur. Je n'avais pas maîtrisé mon temps et, évidemment, je suis parti à l'antenne sans avoir fini de tout écrire. J'aurais dû me méfier quand un de mes collègues m'a proposé de finir pour moi, avec un petit sourire en coin. Il m'a tendu les feuilles de texte et je n'ai pas vérifié. Parti sur ma lancée, j'ai lu bêtement : « C'est la fin de ce journal. Je vous embrasse tous affectueusement. » Je vois encore la tête du rédacteur en chef, François-René Cristiani, quand il a déboulé en régie, le majeur vissé sur la tempe, l'air de dire : « Tu es cinglé ou quoi ! »

Autre souvenir, plus récent celui-là. À LCI, nous n'avions rien prévu de spécial pour le réveillon du nouvel an. C'est alors que l'idée m'est venue d'envoyer un de nos jeunes journalistes faire vivre le passage à la nouvelle année à Euro Disney. Les douze coups de minuit ont résonné à l'antenne avec Mickey en toile de fond et devant la caméra, l'air un peu perdu, ne sachant pas trop quoi dire, un certain Laurent Delahousse. Quand on s'est revus le lendemain, il m'a presque insulté, me reprochant de l'avoir envoyé au casse-pipe. Ce n'était pas complètement faux, mais s'il avait pris le temps d'imaginer une phrase d'introduction, il aurait été moins mauvais. La preuve qu'il y a un début à tout. Quand on voit ce que Laurent est devenu, rassurez-vous, ce n'est plus qu'un souvenir qui, aujourd'hui, nous amuse.

Les plus âgés se souviennent sans doute de la chanson de Johnny Hallyday en 1966, « Cheveux longs idées courtes ». Une riposte aux Élucubrations d'Antoine, dans lesquelles le tout jeune chanteur aux cheveux longs interpellait l'idole des jeunes, qu'il considérait comme une idole dépassée, qu'il aurait bien vu en cage à Medrano, un cirque bien connu. À l'époque, les cheveux longs étaient un signe de révolte de la jeunesse. Une façon d'affirmer son appartenance à la nouvelle génération. Mai 1968 n'était plus très loin et je me souviens de l'excitation du surveillant général et du proviseur du lycée de Béthune où je faisais, comme d'habitude, un passage éclair. Ils occupaient leur temps à chasser les élèves coiffés comme des Beatles. L'indignité suprême que de vouloir ressembler à ces Anglais et leur musique de sauvages ! Évidemment, c'était la meilleure méthode pour nous inciter à laisser pousser nos tignasses encore un peu plus.

Cette anecdote d'une autre époque me donne l'envie d'affirmer qu'on est passé des cheveux longs et peut-être idées courtes, aux cheveux courts et mémoire courte. Après avoir constaté que le passé n'avait plus vraiment d'intérêt pour une grande partie de la jeune génération, je comprends, à travers l'information, que ce qui s'est tout simplement passé est déjà oublié. On consomme l'actualité comme une projection sur écran de la vie au jour le jour. Une information chasse l'autre et, s'il s'agit d'un évènement important qui s'inscrit dans la durée, l'émotion qu'il suscite au début s'émousse de plus en plus vite. En juillet 2022 les incendies de forêt en Gironde et la canicule ont relégué au second plan la situation en Ukraine. Est-ce normal ? Dans la mesure où voir suffit, l'attention s'use aussitôt que les images ne se renouvellent plus et qu'on se sent moins concerné ou qu'on a moins peur.

Juger de l'importance d'un évènement s'aborde de manière pragmatique. Est-on devant un fait qui va laisser des traces et pour longtemps, comme la tempête Alex, qui a tout détruit dans la vallée de la Roya, dans les Alpes-Maritimes, en octobre 2020 ? Oui, bien sûr, et on y reviendra autant qu'il le faut. On rendra compte à la moindre évolution de sa reconstruction et du sort de ses habitants. Un exemple tragique parmi tant d'autres, qui ne souffre aucune hésitation quand l'actualité le justifie. Dans un registre moins dramatique, la question peut se poser. Une récolte détruite par un épisode de gel tardif dans un verger ou un vignoble mérite-t-elle qu'on y revienne un an plus tard ? Oui, car ce phénomène parle pour tous les autres. Son évolution aura valeur d'exemple. Il s'inscrit dans le changement climatique et réclame des solutions, d'où les « Souvenez-vous. Nous vous en avions parlé », etc.

Sans cette valeur d'exemple parfois porteuse de solutions, on peut s'en tenir à un instantané qui mérite certes qu'on s'y arrête, mais dont l'écho sera limité dans le temps. C'est le cas d'un train immobilisé sur la voie pendant tout une nuit avec ses passagers. Un sauvetage courageux. Une arrestation mouvementée, etc.

N'oublions pas qu'un journal ne peut pas à lui seul tout balayer, tout dire, tout expliquer. À chaque média sa fonction. Certains, comme la radio, alertent, décrivent, donnent la parole et ouvrent le débat, tandis que la presse quotidienne et les magazines analysent et éditorialisent. Quant à la télévision, sa fonction, ce sont les images. Les journalistes sont habitués à passer en revue tous ces supports pour leur propre culture et surtout pour en extraire la « substantifique moelle » – expression rendue célèbre par Rabelais dans son livre *Gargantua* en 1534 –, autrement dit ce qu'il y a de meilleur, de plus précieux, de plus profond. C'est à partir de là, et de leur réseau de spécialistes – qu'ils interrogent à chaque fois que de besoin –, qu'ils pourront, à leur tour, apporter au plus grand nombre leurs explications.

« Vous en avez peu parlé aux 13 heures. Pourquoi ? », me demande-t-on parfois à propos de tel ou tel évènement.

Parce que le 20 heures de la veille a fait un long développement sur ce sujet, que les radios en ont parlé ce matin dans toutes leurs éditions, que les journaux ont repris l'info et que nous n'avions plus rien à ajouter par rapport au 13 heures de la veille. Nous nous sommes donc contentés d'un bref point de la situation, puisque rien de nouveau n'était arrivé. Pour les habitués d'une seule édition, cette vision globale des médias passe mal. Nous aurions « refait le 20 heures », on nous l'aurait aussi reproché.

« Ils n'ont pas autre chose à nous raconter ? »

Le problème s'est posé avec le COVID, quand celui-ci a occupé jusqu'à 100 % des journaux, matin, midi et soir pendant deux mois. Des éditions d'une heure, sur un seul sujet. Nous n'avions jamais connu cela. Personne ne s'en plaignait. La peur avait effacé toute autre actualité, d'autant que le monde entier était concerné et paralysé. On vivait COVID, on pensait COVID, on travaillait COVID. Pour l'équipe, on se déplaçait COVID, avec une autorisation permanente liée à notre métier. Je n'oublierai jamais les images des rues de Paris sans une âme qui vive, comme après une guerre bactériologique. On n'en était pas loin.

L'angoisse totale. Un confinement à rendre fou. Des victimes par milliers et à l'époque, pas de vaccin à l'horizon. Ma grand-mère aurait dit : « À chaque génération, sa guerre », elle qui en avait connu trois. À chacune son champ de bataille et ses armes.

En temps de paix on peut imaginer une information plus diversifiée. C'est ce qu'on recherche en permanence. La limite tient, là encore, à un ensemble de valeurs. Vue de son village du Gard, la fête votive est un évènement qui mériterait bien un sujet au 13 heures. Vu de Dunkerque, il n'y a rien de plus qu'une fête de village comme il en existe partout. Alors pourquoi le carnaval de Dunkerque a-t-il droit, lui, aux JT ? Parce que son retentissement dépasse un seul village, qu'il répond à une tradition historique et qu'il rassemble des milliers de personnes. On est au-delà de la fête. Parfois, on retrouve la valeur d'exemple, comme à Montreuil-sur-Mer dans le Pas-de-Calais où, régulièrement, toute la ville se met au travail pour produire en été une évocation des *Misérables* de Victor Hugo. Raison historique : le grand écrivain y a séjourné. Valeur d'exemple : tous les habitants se mobilisent pour jouer, coudre les costumes, préparer le décor, les lumières, etc. Une belle solidarité bénévole. Idem à Castillon-la-Bataille, où l'évocation de la fin de la guerre de cent ans mobilise toute la population. On est au-delà du simple spectacle.

Si c'était à refaire

Je l'ai déjà dit : on apprend plus de ses erreurs que de ses succès. Je me souviens de la remarque blessante d'une consœur, auprès de qui je me vantais idiotement de ne pas aimer le football, et de n'être jamais allé voir un match dans un grand stade. Sa réponse a été cinglante : « C'est une faute professionnelle. Quand on est journaliste, on doit être ouvert à tout. Va voir un match, tu n'en parleras que mieux, car tu l'auras vécu en direct, tu auras senti l'ambiance, le public, le terrain. Tes mots seront plus précis, mieux choisis. » Elle avait mille fois raison. J'ai suivi son conseil en allant au Stade de France voir un match des Bleus, à Twickenham, en Angleterre, accompagné d'un international, car le rugby reste pour moi un peu compliqué. *Idem* sur le champ de course à Vincennes avec un pro du tiercé, une compétition de tennis à Roland-Garros, un match de hockey sur glace au Québec ou un grand prix de Formule 1 à Monaco. Vivre les évènements pour mieux les faire vivre. Ce n'est pas une option, c'est une obligation.

Pas d'œillères, pas de parti pris, pas de militantisme. C'est aussi une obligation dans l'audiovisuel. Pour expliquer que certaines rédactions sont perçues comme plus politisées que d'autres, je dirai que cela tient moins de la politique partisane que d'une sensibilité « conformiste » ou « progressiste » qui donne au traitement de l'actualité et au choix des sujets une connotation dite de droite ou de gauche. C'est en partie ce qui fait que certains sont attachés aux journaux de TF1, moins institutionnels, d'autres à ceux de France 2. Pour expliquer, un fait, commence-t-on par entendre le ministre et l'expert, ou le public concerné ? Cette deuxième option est aussi celle qui caractérise le 13 heures de TF1 que j'appelle la proximité. *In fine*, comme l'écrit le journaliste congolais Raphaël Walukonka : « la vérité est l'amie du journaliste, la neutralité son compagnon de lutte ».

Si, aujourd'hui, et depuis longtemps, j'ai bien intégré ces règles et ces obligations, la question que je me pose chaque jour, ou presque, au moins avant chaque journal, est : Suis-je vraiment un journaliste ? Où est la légitimité du cancre venu du pays minier, qui n'a pas fait d'école, seulement des études à côté de la plaque ? Fallait-il se lancer si tard ? Dix ans après les autres… Dix ans que je n'ai pas rattrapés, et qui m'ont valu de ne jamais appartenir au sérail. Se sentir illégitime quand on entre sur le plateau est un fardeau lourd à porter. Penser encore qu'on ne va pas y arriver. Se dire qu'on a sûrement tort face à ceux qui ont la capacité d'affirmer. S'interroger, débattre avec soi-même par souci d'intelligence jusqu'à ce que la décision vienne d'ailleurs. Est-ce qu'au fond je n'aurais pas abusé tout le monde, à commencer par moi-même, pendant ces quarante années ? Je ne suis pas le mieux placé pour répondre.

Et que penser de l'information qui s'accélère, se multiplie et se banalise, pour reprendre les termes de

Patrick Le Lay, l'ancien président de TF1 aujourd'hui disparu ? On en revient à la rareté, source de valeur. Si on mange trop et trop souvent, il est normal de ne plus avoir faim.

Je citerai en conclusion cette phrase d'Hubert Beuve-Méry, fondateur du journal *Le Monde* : « Le journalisme, c'est le contact et la distance. »

Et si c'était à refaire ? Bien sûr, que je le referais.

Table des matières

Imprimé en France par CPI
en septembre 2022

Dépôt légal : octobre 2022
N° d'impression : 3049781